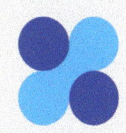

educamos·sm

Caro aluno, seja bem-vindo à sua plataforma do conhecimento!

A partir de agora, você tem à sua disposição uma plataforma que reúne, em um só lugar, recursos educacionais digitais que complementam os livros impressos e são desenvolvidos especialmente para auxiliar você em seus estudos. Veja como é fácil e rápido acessar os recursos deste projeto.

1 Faça a ativação dos códigos dos seus livros.

Se você NÃO tiver cadastro na plataforma:
- Para acessar os recursos digitais, você precisa estar cadastrado na plataforma educamos.sm. Em seu computador, acesse o endereço <br.educamos.sm>.
- No canto superior direito, clique em "**Primeiro acesso? Clique aqui**". Para iniciar o cadastro, insira o código indicado abaixo.
- Depois de incluir todos os códigos, clique em "**Registrar-se**" e, em seguida, preencha o formulário para concluir esta etapa.

Se você JÁ fez cadastro na plataforma:
- Em seu computador, acesse a plataforma e faça o *login* no canto superior direito.
- Em seguida, você visualizará os livros que já estão ativados em seu perfil. Clique no botão "**Adicionar livro**" e insira o código abaixo.

CB076825

Este é o seu código de ativação! → **DW8BA-ZFYBR-A9KLP**

2 Acesse os recursos.

Usando um computador

Acesse o endereço <br.educamos.sm> e faça o *login* no canto superior direito. Nessa página, você visualizará todos os seus livros cadastrados. Para acessar o livro desejado, basta clicar na sua capa.

Usando um dispositivo móvel

Instale o aplicativo **educamos.sm**, que está disponível gratuitamente na loja de aplicativos do dispositivo. Utilize o mesmo *login* e a mesma senha da plataforma para acessar o aplicativo.

Importante! Não se esqueça de sempre cadastrar seus livros da SM em seu perfil. Assim, você garante a visualização dos seus conteúdos, seja no computador, seja no dispositivo móvel. Em caso de dúvida, entre em contato com nosso canal de atendimento pelo **telefone 0800 72 54876** ou pelo *e-mail* **atendimento@grupo-sm.com**.

sm

Aprender juntos

5
5º ano

GEOGRAFIA
ENSINO FUNDAMENTAL

LEDA LEONARDO DA SILVA
- Bacharela e licenciada em Geografia pela Faculdade de Filosofia, Letras e Ciências Humanas (FFLCH) da Universidade de São Paulo (USP).
- Professora do Ensino Fundamental.

ORGANIZADORA: EDIÇÕES SM
Obra coletiva concebida, desenvolvida e produzida por Edições SM.

São Paulo, 6ª edição, 2017

Aprender Juntos Geografia 5
© Edições SM Ltda.
Todos os direitos reservados

Direção editorial	M. Esther Nejm
Gerência editorial	Cláudia Carvalho Neves
Gerência de *design* e produção	André Monteiro
Edição executiva	Robson Rocha
	Edição: Camila Duarte, Cláudio Mattiuzzi, Felipe Barrionuevo, Flavio Manzatto de Souza, Gisele Manoel Reis, Jéssica Vieira de Faria, Angélica Campos Nakamura, Danilo Heitor Vilarinho Cajazeira, Maria Izabel Simões Gonçalves
	Colaboração técnico-pedagógica: Ana Lúcia de Araújo Guerrero, Ieda Maria Silveira Fleury Nogueira, Eliano de Souza Martins Freitas
Suporte editorial	Alzira Bertholim, Fernanda Fortunato, Giselle Marangon, Talita Vieira, Silvana Siqueira
Coordenação de preparação e revisão	Cláudia Rodrigues do Espírito Santo
	Preparação e revisão: Ana Paula Ribeiro Migiyama, Maria de Fátima Cavallaro, Taciana Vaz, Vera Lúcia Rocha
	Apoio de equipe: Beatriz Nascimento, Camila Durães Torres
Coordenação de *design*	Gilciane Munhoz
	***Design*:** Tiago Stéfano
Coordenação de arte	Ulisses Pires, Juliano de Arruda Fernandes, Melissa Steiner Rocha Antunes
	Edição de arte: Eduardo Sokei, Angelice Taioque Moreira, Camila Ferreira Leite
Coordenação de iconografia	Josiane Laurentino
	Pesquisa iconográfica: Graciela Naliati Araujo, Thaisi Lima
	Tratamento de imagem: Marcelo Casaro
Capa	João Brito, Gilciane Munhoz
	Ilustração da capa: A mascoteria
Projeto gráfico	Estúdio Insólito
Editoração eletrônica	Estúdio Anexo
Ilustrações	Adilson Secco, Ilustra Cartoon, Luís Moura, Vagner Coelho, Vanessa Alexandre
Cartografia	Allmaps, João Miguel A. Moreira
Pré-impressão	Américo Jesus
Fabricação	Alexander Maeda
Impressão	PifferPrint

Dados Internacionais de Catalogação na Publicação (CIP)
(Câmara Brasileira do Livro, SP, Brasil)

Silva, Leda Leonardo da
  Aprender juntos geografia, 5º ano : ensino fundamental / Leda Leonardo da Silva ; organizadora Edições SM, obra coletiva concebida, desenvolvida e produzida por Edições SM, editor responsável Robson Rocha. — 6. ed. — São Paulo : Edições SM, 2017. — (Aprender juntos)

  Suplementado pelo manual do professor.
  Bibliografia.
  ISBN 978-85-418-1937-4 (aluno)
  ISBN 978-85-418-1938-1 (professor)

  1. Geografia (Ensino fundamental) I. Rocha, Robson. II. Título. III. Série.

17-10753   CDD-372.891

Índices para catálogo sistemático:
1. Geografia : Ensino fundamental 372.891

6ª edição, 2017
5ª impressão, 2020

Edições SM Ltda.
Rua Tenente Lycurgo Lopes da Cruz, 55
Água Branca 05036-120 São Paulo SP Brasil
Tel. 11 2111-7400
edicoessm@grupo-sm.com
www.edicoessm.com.br

Apresentação

Caro aluno,

Este livro foi cuidadosamente pensado para ajudá-lo a construir uma aprendizagem sólida e cheia de significados que lhe sejam úteis não somente hoje, mas também no futuro. Nele, você vai encontrar estímulos para criar, expressar ideias e pensamentos, refletir sobre o que aprende, trocar experiências e conhecimentos.

Os temas, os textos, as imagens e as atividades propostos neste livro oferecem oportunidades para que você se desenvolva como estudante e como cidadão, cultivando valores universais como responsabilidade, respeito, solidariedade, liberdade e justiça.

Acreditamos que é por meio de atitudes positivas e construtivas que se conquistam autonomia e capacidade para tomar decisões acertadas, resolver problemas e superar conflitos.

Esperamos que este material didático contribua para o seu desenvolvimento e para a sua formação.

Bons estudos!

Equipe editorial

Conheça seu livro

Conhecer seu livro didático vai ajudar você a aproveitar melhor as oportunidades de aprendizagem que ele oferece.

Este volume contém doze capítulos. Veja como cada capítulo está organizado.

Abertura de capítulo

Essa página marca o início de um capítulo. Textos, imagens variadas e atividades vão fazer você pensar e conversar sobre os temas que serão desenvolvidos ao longo do capítulo.

Desenvolvimento do assunto

Os textos, as imagens e as atividades destas páginas permitirão que você compreenda o conteúdo que está sendo apresentado.

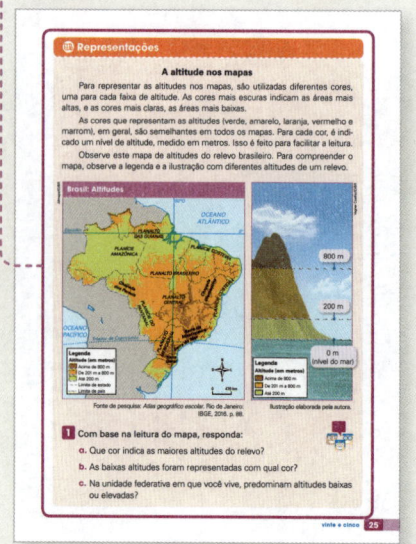

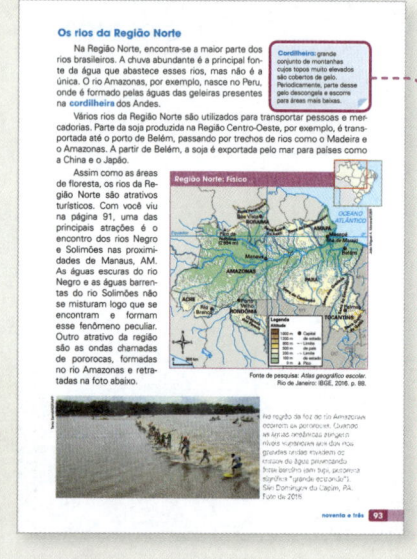

Representações

Com os textos e as atividades dessa seção, você vai aprender a ler, a interpretar e a elaborar representações do mundo à sua volta.

Glossário

Ao longo do livro, você vai encontrar uma breve explicação de algumas palavras e expressões que talvez você não conheça.

Sugestão de *site*

As sugestões de *sites* permitem explorar e aprofundar os conhecimentos relacionados aos temas estudados.

4 quatro

Finalizando o capítulo

No fim dos capítulos, há seções que buscam ampliar seus conhecimentos sobre a leitura de imagens, a diversidade cultural e os conteúdos abordados no capítulo.

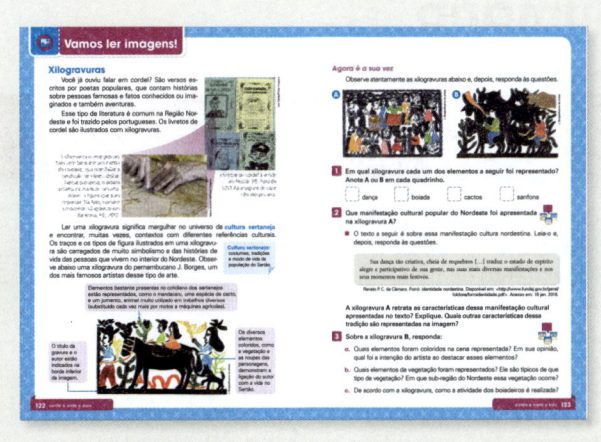

A seção **Vamos ler imagens!** propõe a análise de uma ou mais imagens e é acompanhada de atividades que vão ajudar você a compreender diferentes tipos de imagem.

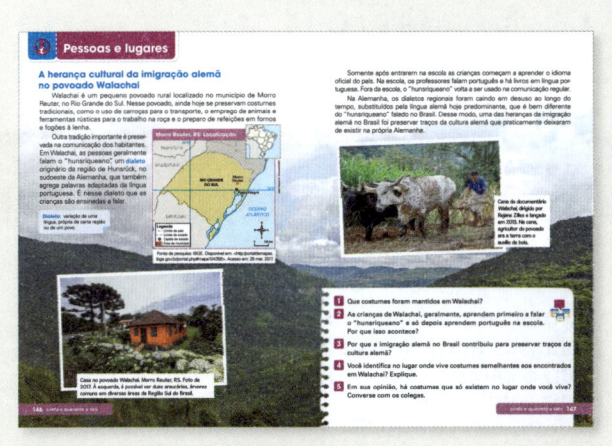

Na seção **Pessoas e lugares** você vai conhecer algumas características culturais de diferentes comunidades.

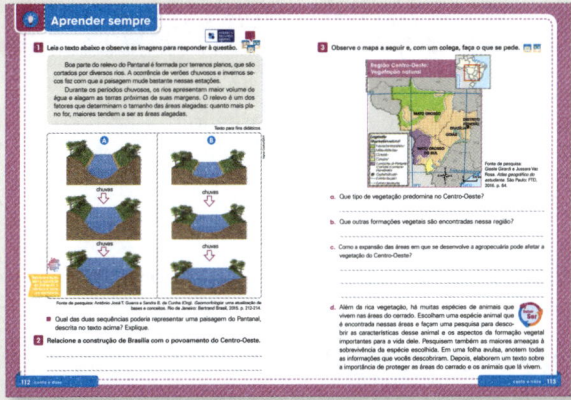

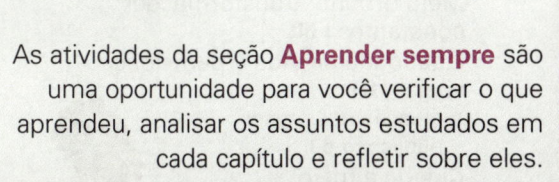

As atividades da seção **Aprender sempre** são uma oportunidade para você verificar o que aprendeu, analisar os assuntos estudados em cada capítulo e refletir sobre eles.

Material complementar

No final do livro, você vai encontrar **Material complementar** para usar em algumas atividades.

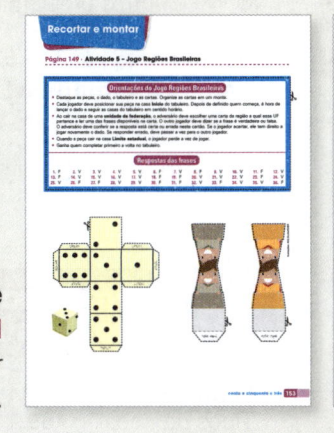

Ícones usados no livro

- Atividade oral
- Atividade em dupla
- Atividade em grupo
- Representação sem proporção de tamanho e distância entre os elementos
- Representação sem proporção de tamanho e distância entre os elementos
- Acesse o recurso digital — Recurso digital
- Saber ser — Sinaliza momentos propícios para professor e alunos refletirem sobre questões relacionadas a valores.
- Cores-fantasia

cinco 5

Sumário

capítulo 1 — O planeta Terra e sua superfície › 8

Os movimentos da Terra › 9
Movimento de rotação › 9
Movimento de translação › 11
A superfície da Terra › 12
As representações do nosso planeta › 13
Globo terrestre › 13
Planisférios e imagens de satélite › 14
Representações
Mapeando a superfície terrestre › 15
Ilhas e continentes › 16
A divisão das terras emersas em continentes › 17

Aprender sempre › 18

capítulo 2 — O Brasil › 20

O Brasil na América do Sul › 21
Características do território brasileiro › 22
Formas de ocupação do território brasileiro › 24
Representações
A altitude nos mapas › 25

Pessoas e lugares
Cidades-gêmeas: Sant'Ana do Livramento (RS) e Rivera (Uruguai) › 26

Aprender sempre › 28

capítulo 3 — Comunicação e transporte no território brasileiro › 30

Os meios de transporte › 31
Integração do território › 31
O transporte rodoviário › 32
O transporte ferroviário › 33
O transporte aquaviário › 34
O transporte aéreo › 35
Os meios de comunicação › 36
Os principais meios de comunicação › 37

Aprender sempre › 40

capítulo 4 — A dinâmica da população no território › 42

Ocupação do território e distribuição da população › 43
População em movimento › 45
Causas dos deslocamentos populacionais › 46
O Brasil e as migrações internacionais › 48
Os refugiados › 49

Vamos ler imagens!
Representações de linhas ferroviárias › 50

Aprender sempre › 52

capítulo 5 — As cidades brasileiras › 54

Formação das cidades brasileiras › 55
Crescimento urbano › 56
As funções das cidades › 57
Relações entre as cidades e relações da cidade com o campo › 58
Representações
Hierarquia urbana › 59
Meio urbano: transformações constantes › 60
Qualidade de vida e participação social › 61
A atuação dos órgãos públicos › 61
Cidade e meio ambiente › 62
O lixo e outros problemas ambientais › 62
Saneamento básico › 63
Vamos ler imagens!
Imagens de satélite › 64

Aprender sempre › 66

capítulo 6 — Produção e trabalho no Brasil › 68

O trabalho no Brasil › 69
Tipos de trabalho › 69
Trabalho infantil › 71
Desenvolvimento tecnológico e trabalho › 72
O trabalho e os setores da economia › 73
Setor primário › 73
Setor secundário › 75
Setor terciário › 76
A importância da energia › 77

Aprender sempre › 78

capítulo 7 — As regiões brasileiras › 80

Diferenças no território › 81
Divisões regionais › 82
Transformações na regionalização oficial do Brasil › 82
Outras regionalizações do Brasil › 84
Representações
Mapas políticos › 85

Pessoas e lugares
Palmas, do planejamento ao encontro de culturas › 86

Aprender sempre › 88

capítulo 8 — A Região Norte › 90

Características gerais › 91
Representações
Convenções cartográficas › 92
Os rios da Região Norte › 93
Os povos da floresta › 94
Os povos indígenas › 95
A culinária da Região Norte › 96
A agricultura e a pecuária › 97
O extrativismo vegetal e mineral › 98
As cidades › 99

Aprender sempre › 100

capítulo 9 — A Região Centro-Oeste › 102

Aspectos gerais › 103
O cerrado › 104
O Pantanal › 104
Representações
Avanço do desmatamento em imagens de satélite › 105
Os povos indígenas › 106
Os conflitos pela terra › 106
O povoamento do território nas últimas décadas › 107
O crescimento da urbanização › 109

Vamos ler imagens!
Perfil topográfico › 110

Aprender sempre › 112

capítulo 10 — A Região Nordeste › 114

Aspectos gerais › 115
As sub-regiões › 116
Zona da Mata › 116
Sertão › 118
Agreste › 120
Meio-Norte › 121

Vamos ler imagens!
Xilogravuras › 122

Aprender sempre › 124

capítulo 11 — A Região Sudeste › 126

Aspectos gerais › 127
Economia › 128
Grandes cidades e problemas urbanos › 129
Natureza e problemas ambientais › 130
Representações
Interpretação de mapa temático › 133

Pessoas e lugares
O assentamento rural Pastorinhas › 134

Aprender sempre › 136

capítulo 12 — A Região Sul › 138

Aspectos gerais › 139
Paisagens da Região Sul › 140
Natureza e problemas ambientais › 141
Arenização do solo › 143
Economia › 144
Agricultura e pecuária › 144
Indústria › 145

Pessoas e lugares
A herança cultural da imigração alemã no povoado Walachai › 146

Aprender sempre › 148

Sugestões de leitura › 150
Bibliografia › 152
Material complementar › 153

CAPÍTULO 1

O planeta Terra e sua superfície

Provavelmente, você já viu uma representação do planeta Terra como esta, no centro da página. Ela representa a Terra vista do espaço, isto é, de um ponto fora do planeta.

Só foi possível obter esse tipo de representação com o desenvolvimento de foguetes e naves espaciais que permitiram levar astronautas para fora do planeta, assim como equipamentos científicos e de registro de imagens.

Deserto em Novo México, Estados Unidos, em 2014.

Floresta Amazônica em Tefé, AM, em 2014.

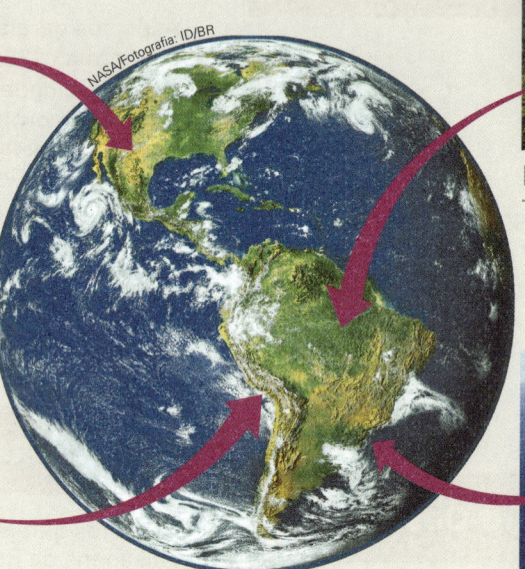

Cordilheira dos Andes no limite entre a Argentina e o Chile, em 2015.

Imagem de satélite de parte da Terra.

Ilha Redonda, no município do Rio de Janeiro, em 2015.

Para conhecer bem nosso planeta, não basta estudar as partes de sua superfície (áreas de florestas, rios, oceanos, desertos, montanhas, etc.), como as retratadas nas fotos acima. Também é importante observar seu conjunto. As imagens da Terra obtidas de fora do planeta contribuem bastante para isso.

▷ Quais paisagens da superfície terrestre você já conheceu pessoalmente ou viu representadas em fotos?

▷ Em sua opinião, por que é importante conhecer bem as características da superfície da Terra?

Os movimentos da Terra

A Terra está sempre se movimentando no espaço. Entender como isso ocorre também é importante para conhecer o planeta.

São dois os principais movimentos da Terra: o de **rotação** e o de **translação**. No dia a dia, não podemos perceber a movimentação do planeta, mas podemos notá-la ao observar alguns fenômenos, como veremos a seguir.

Movimento de rotação

Nos dias ensolarados, temos a impressão de que o Sol se move no céu, nascendo a leste e deslocando-se para oeste, onde se põe. Na realidade, esse movimento do Sol é apenas aparente, pois é a Terra que está girando, fazendo com que, ao longo do dia, o observador na superfície terrestre mude constantemente sua posição em relação ao Sol.

O movimento da Terra girando em torno de si mesma, como um pião, é chamado de **rotação**.

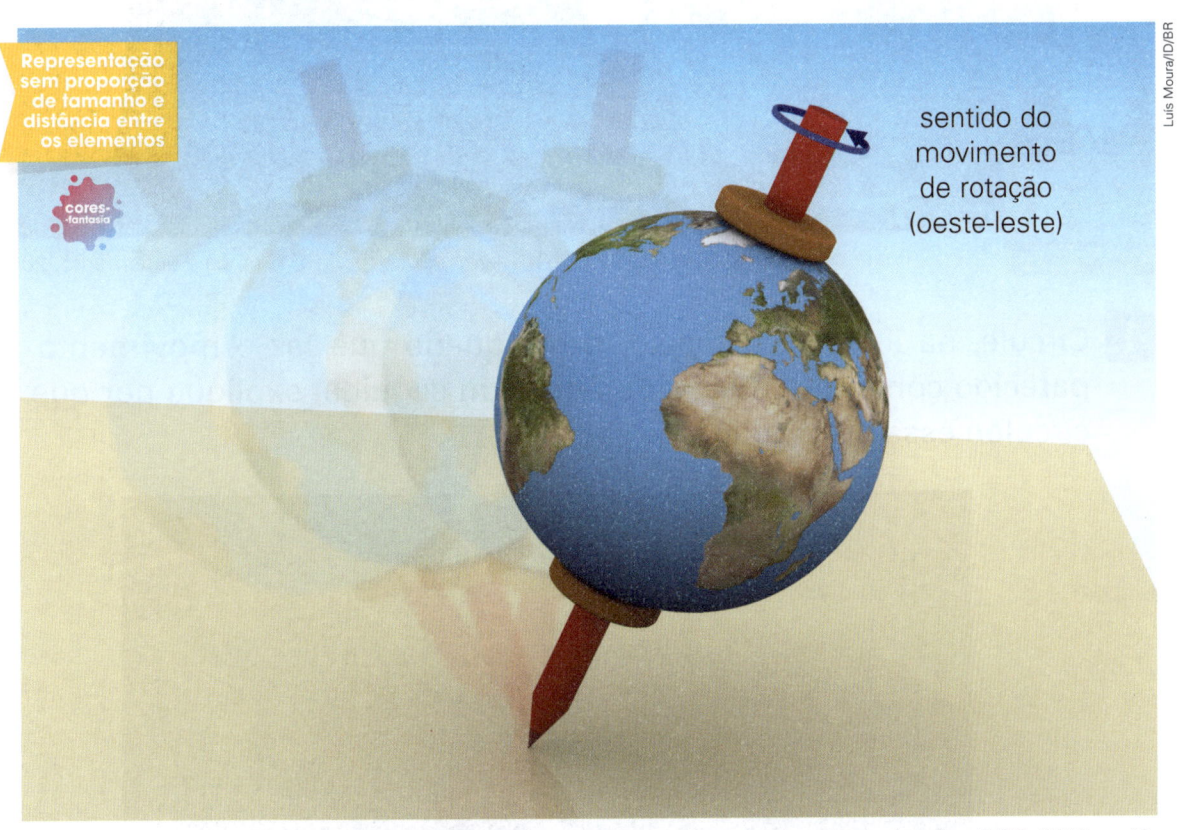

Representação sem proporção de tamanho e distância entre os elementos

cores-fantasia

sentido do movimento de rotação (oeste-leste)

Fonte de pesquisa: *Atlas geográfico escolar*. Rio de Janeiro: IBGE, 2016. p. 10.

Para entender o movimento de rotação, imagine a Terra como um pião de brinquedo que gira em torno do próprio **eixo**. A diferença entre o movimento de rotação da Terra e o de um pião comum é que a Terra gira sempre em torno de um eixo inclinado e no mesmo sentido, de oeste para leste. Além disso, esse eixo não existe de verdade, é um **eixo imaginário**.

Eixo: linha ou haste que atravessa um objeto ou um corpo e em torno da qual esse objeto ou esse corpo gira. Essa linha pode ser imaginária, como no caso do eixo da Terra.

nove 9

Pelo movimento de rotação, a Terra leva aproximadamente 24 horas, isto é, um dia, para dar um giro completo em torno de seu eixo imaginário.

Ao observar, na ilustração abaixo, a posição da Terra em relação ao Sol, podemos perceber que a luz solar ilumina apenas a metade do planeta voltada para ele. A outra metade está escura, sem iluminação solar. Na parte voltada para o Sol é dia. Na outra, sem a luz solar, é noite.

Por causa do movimento de rotação, a parte da superfície terrestre que recebe a luz do Sol está sempre mudando. Isso provoca a alternância dos dias com as noites.

Movimento de rotação da Terra

eixo de rotação imaginário

Equador

noite — dia — Sol

cores-fantasia

Representação sem proporção de tamanho e distância entre os elementos

Fonte de pesquisa: Olly Phillipson. *Atlas geográfico mundial*. Curitiba: Fundamento, 2011. p. 5.

1 Circule, na ilustração abaixo, o brinquedo que faz o movimento mais parecido com o de rotação da Terra. Em seguida, explique por que você circulou esse brinquedo.

Movimento de translação

Ao mesmo tempo que gira em torno de seu eixo imaginário, a Terra realiza um **movimento ao redor do Sol**, chamado **translação**. Uma volta completa do planeta ao redor do Sol dura cerca de 365 dias (um ano).

Conforme a Terra se move ao redor do Sol, a maneira como a luz solar atinge as diferentes partes do planeta vai se alterando. Isso dá origem às **estações do ano**: primavera, verão, outono e inverno. Cada estação do ano dura três meses. Veja abaixo a posição da Terra em relação ao Sol em cada estação no Brasil.

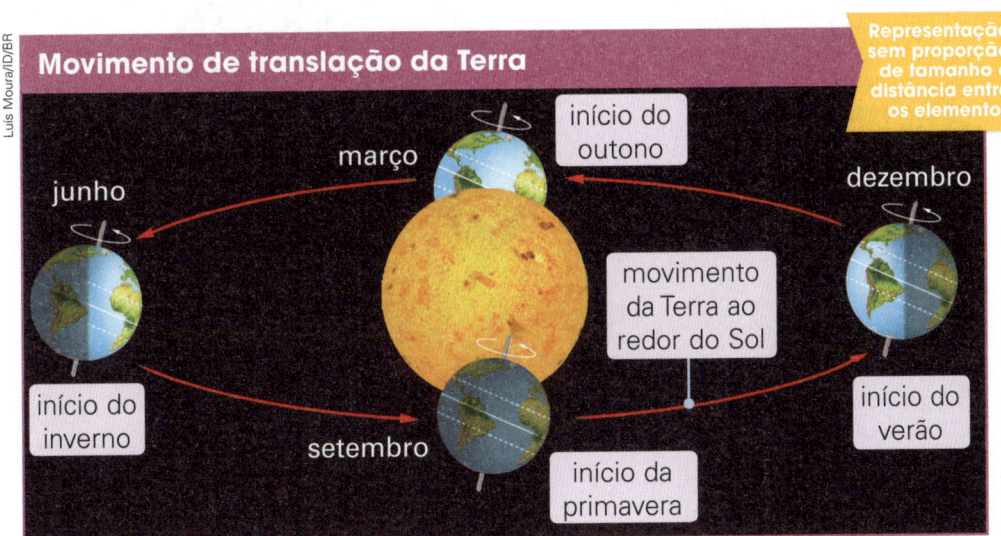

Movimento de translação da Terra

Representação sem proporção de tamanho e distância entre os elementos

- março — início do outono
- junho — início do inverno
- setembro — início da primavera
- dezembro — início do verão
- movimento da Terra ao redor do Sol

Os períodos das estações do ano se referem ao hemisfério Sul da Terra.

Fonte de pesquisa: Olly Phillipson. *Atlas geográfico mundial*. Curitiba: Fundamento, 2011. p. 5.

A passagem de uma estação para outra pode fazer com que os dias se tornem mais frios ou mais quentes. A duração dos dias e das noites também muda. Isso acontece porque a quantidade de calor em cada parte da Terra depende, principalmente, de como a luz solar chega até ela.

2 Observe as fotos abaixo e responda às questões.

A — Curitiba, PR, em junho de 2015.

B — São Sebastião, SP, em janeiro de 2017.

a. Qual é a estação do ano na paisagem da foto **A**? E na da foto **B**?

b. Qual é o movimento da Terra que explica a mudança de estação do ano retratada nessas fotos?

onze 11

A superfície da Terra

É comum o planeta Terra ser representado como uma esfera perfeita. No entanto, a superfície terrestre apresenta muitas irregularidades, com áreas mais baixas e outras mais altas. Nos exemplos a seguir, observe duas maneiras de representar as irregularidades da superfície da Terra.

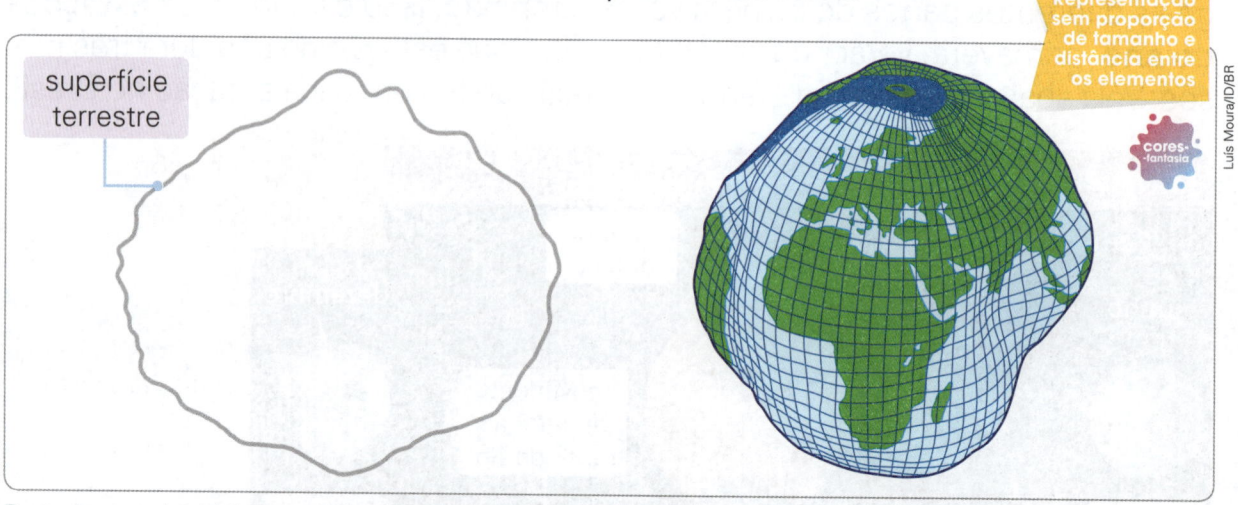

Fonte de pesquisa: *Atlas geográfico escolar*. Rio de Janeiro: IBGE, 2016. p. 17.

Na imagem à esquerda, apenas o contorno irregular da superfície do planeta Terra foi representado. Na imagem à direita, há um modelo que, mesmo não representando a superfície terrestre com exatidão, apresenta uma feição do planeta com irregularidades.

Outra importante característica do planeta Terra, além da superfície irregular, é a presença de grande quantidade de água no estado líquido. Como podemos observar na ilustração abaixo, a maior parte dessa água se acumula nas áreas mais baixas da superfície terrestre, formando os **mares** e os **oceanos**.

Fonte de pesquisa: Graça Maria L. Ferreira. *Atlas geográfico*: espaço mundial. São Paulo: Moderna, 2010. p. 16-17.

1 Por que não podemos dizer que a Terra é perfeitamente esférica? Explique.

As representações do nosso planeta

Há diferentes maneiras de representar a Terra. Uma das mais comuns projeta a superfície terrestre em uma representação plana (aquela que pode ser impressa em uma folha de papel), como os **mapas** e as **imagens de satélite**.

Mas também é possível representar o planeta em **globos terrestres**, que são modelos esféricos.

Globo terrestre

Como já vimos, o planeta Terra não tem a forma de uma esfera perfeita, pois sua superfície tem muitas irregularidades.

Entretanto, as representações esféricas da Terra são instrumentos muito úteis para demonstrar as características de sua superfície, pois cada parte é representada de modo aproximado à sua posição no planeta. Quando olhamos para um modelo do globo terrestre, vemos apenas a face voltada para nós. Mas, como ele vem encaixado em um eixo, basta girá-lo para visualizar aos poucos a representação das demais faces da superfície terrestre.

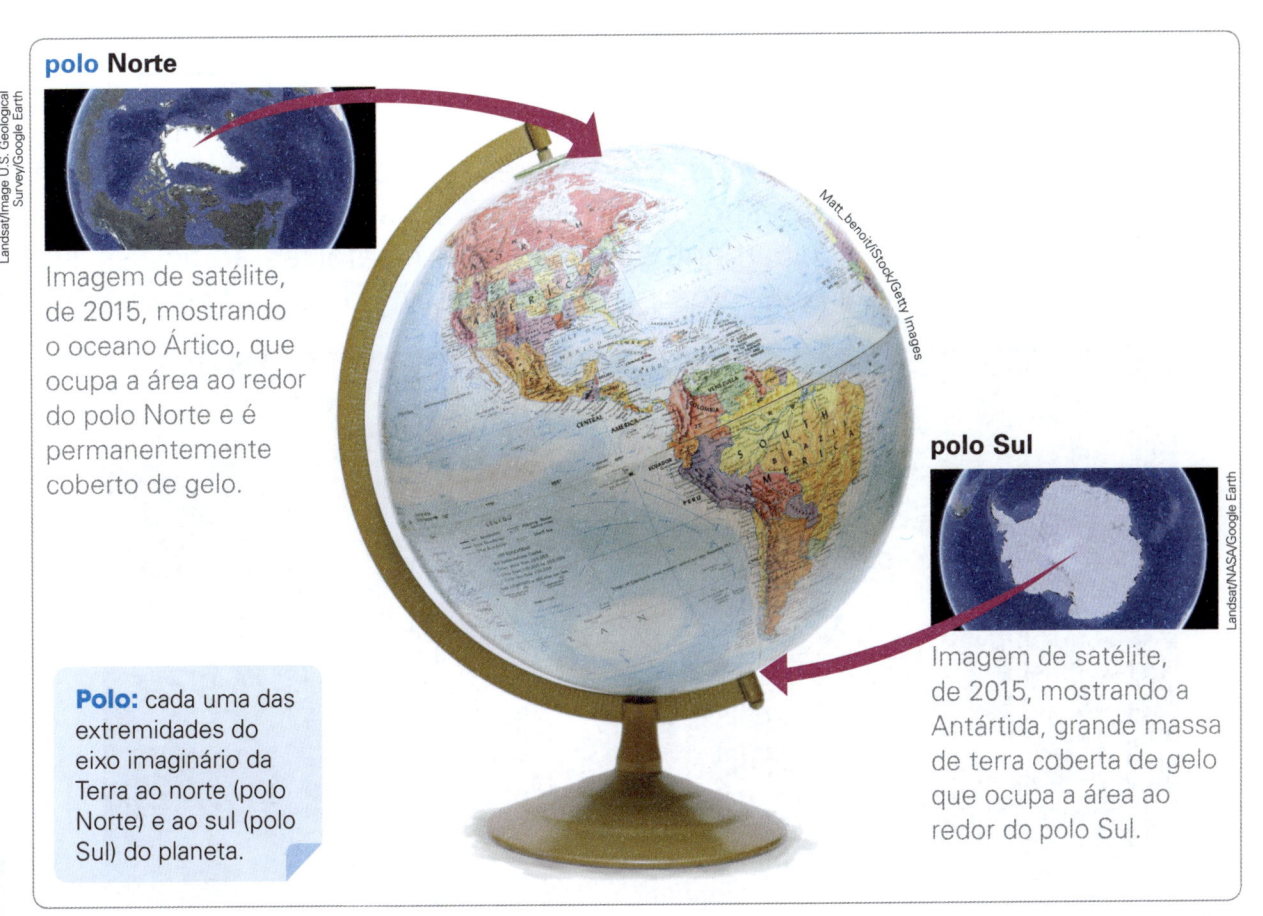

polo Norte

Imagem de satélite, de 2015, mostrando o oceano Ártico, que ocupa a área ao redor do polo Norte e é permanentemente coberto de gelo.

polo Sul

Imagem de satélite, de 2015, mostrando a Antártida, grande massa de terra coberta de gelo que ocupa a área ao redor do polo Sul.

Polo: cada uma das extremidades do eixo imaginário da Terra ao norte (polo Norte) e ao sul (polo Sul) do planeta.

1 Qual movimento da Terra pode ser reproduzido com o manuseio do globo terrestre sem retirar sua base da superfície em que está apoiado? Por quê?

Planisférios e imagens de satélite

Os **planisférios**, ou **mapas-múndi**, são mapas que representam toda a superfície da Terra. Representar a Terra em um planisfério é como se a superfície curva do planeta fosse projetada na superfície plana de uma folha de papel. Observe a imagem abaixo.

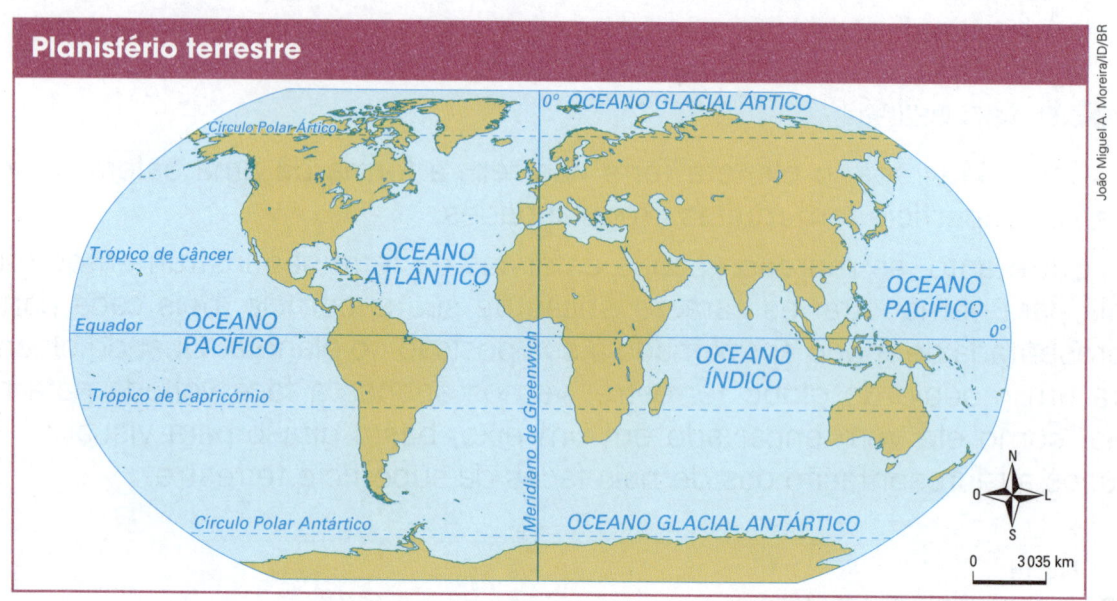

Planisfério terrestre

Fonte de pesquisa: *Atlas geográfico escolar*. Rio de Janeiro: IBGE, 2016. p. 32.

As **imagens de satélite** também são representações planas que podem abranger toda a superfície terrestre ou partes dela. Essas imagens são obtidas do espaço, por meio de equipamentos instalados em satélites artificiais, que orbitam a Terra. Observe, abaixo, uma imagem de satélite da superfície da Terra.

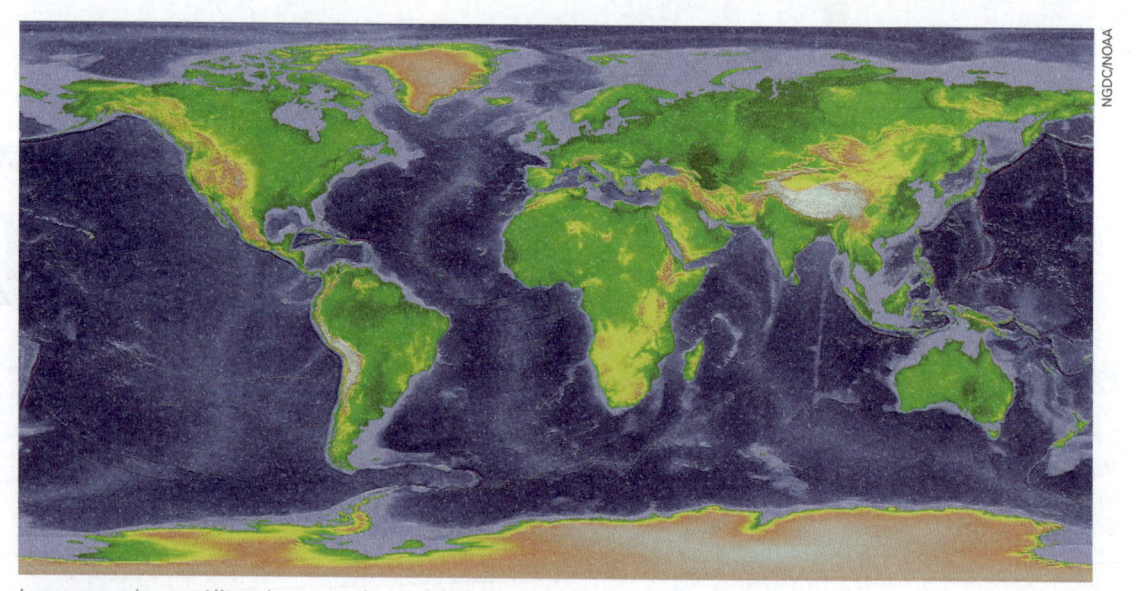

Imagem de satélite da superfície da Terra.

2 As representações plana e esférica da Terra possibilitam visualizar a superfície terrestre da mesma maneira? Explique.

Representações

Mapeando a superfície terrestre

Como as partes baixas da superfície da Terra são ocupadas pelos oceanos, as partes mais elevadas, chamadas **terras emersas**, ficam acima do nível de suas águas. Assim, a superfície terrestre apresenta áreas preenchidas pela água dos oceanos e áreas que são cercadas pelas águas oceânicas, mas não são cobertas por elas.

A representação da superfície da Terra inteira em um mapa permite visualizar como as águas oceânicas e as terras emersas se distribuem.

Veja neste mapa que os oceanos cobrem a maior parte da superfície da Terra. As terras emersas apresentam áreas de diferentes extensões.

Planisfério: Formas do relevo

Legenda
- Montanhas
- Planaltos
- Planícies

Fonte de pesquisa: Vera Lúcia de M. Caldini e Leda Ísola. *Atlas geográfico Saraiva*. São Paulo: Saraiva, 2013. p. 167.

Nos mapas, as águas dos rios, lagos, mares e oceanos são sempre representadas com a cor azul. As terras emersas podem ser representadas com cores variadas, dependendo do tema do mapa: divisão em países, clima, vegetação, etc.

Na legenda desse mapa, foram utilizadas cores diferentes para representar as formas do relevo das terras emersas: montanhas, planaltos e planícies.

1 As letras **A**, **B**, **C** e **D** representam partes da superfície da Terra cobertas por oceanos ou por terras emersas? Classifique-as.

2 Qual forma de relevo é menos comum em nosso planeta?

Ilhas e continentes

As ilhas e os continentes são porções de terras emersas, rodeadas por água. No entanto, não são a mesma coisa. Você sabe qual é a diferença entre ilhas e continentes? Para descobrir isso e outras informações da superfície terrestre, observe a imagem de satélite abaixo e leia os textos que a acompanham.

NESTA IMAGEM DA SUPERFÍCIE TERRESTRE, PODEMOS VER PORÇÕES DE TERRAS DE DIFERENTES TAMANHOS, CERCADAS DE TODOS OS LADOS POR ÁGUAS OCEÂNICAS. CADA UMA DESSAS PORÇÕES DE TERRA FORMA UMA ILHA OU UM CONTINENTE. DE FORMA GERAL, AS ILHAS SÃO PORÇÕES DE TERRA RELATIVAMENTE PEQUENAS, ENQUANTO OS CONTINENTES SÃO BEM MAIS EXTENSOS.

AS TERRAS EMERSAS SÃO REPRESENTADAS COM TONS DE VERDE, MARROM E BRANCO, ENTRE OUTROS. ESSES TONS MOSTRAM CARACTERÍSTICAS NATURAIS DAS TERRAS EMERSAS. AS ÁREAS BRANCAS, POR EXEMPLO, REPRESENTAM O PREDOMÍNIO DE GELO.

OS OCEANOS SÃO REPRESENTADOS COM TONALIDADES DE AZUL-ESCURO.

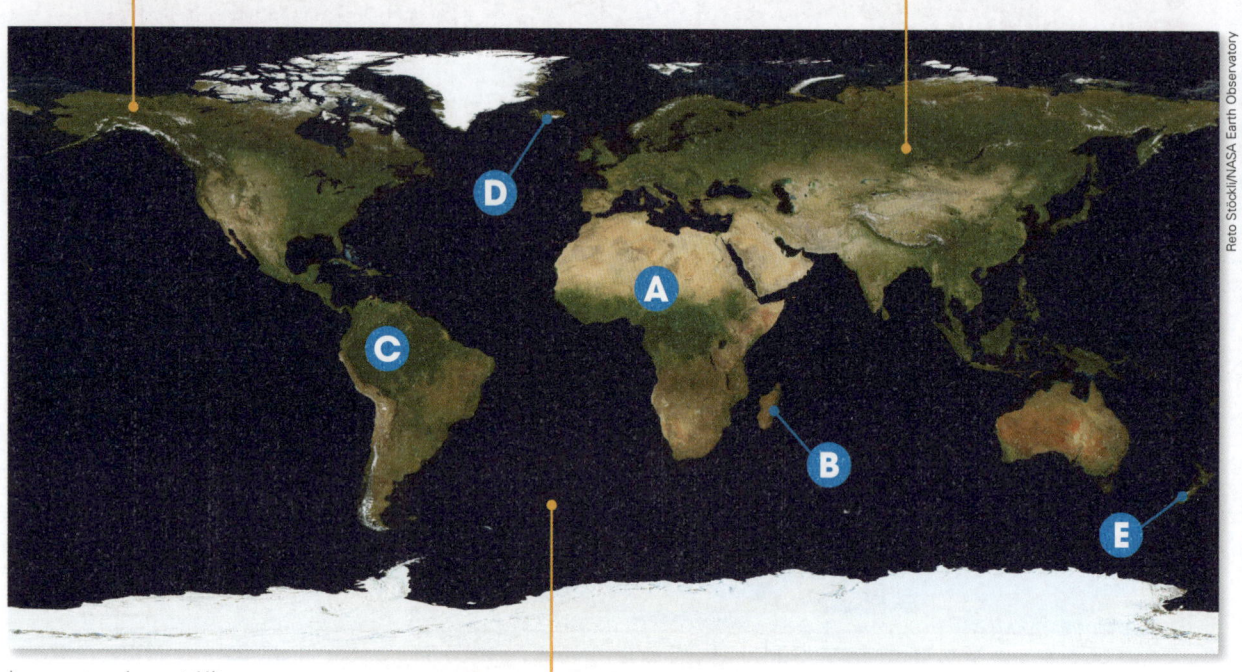

Imagem de satélite da superfície da Terra.

1 Analise a imagem acima e faça o que se pede.

a. Classifique as porções de terra assinaladas com as letras **A**, **B**, **C**, **D** e **E** em ilhas ou em continentes. Marque com um **X** as letras que representam ilhas e pinte as que representam continentes.

☐ A ☐ B ☐ C ☐ D ☐ E

b. Que critério você considerou para fazer essa distinção?

A divisão das terras emersas em continentes

Como você viu, considerando apenas os aspectos físicos, os **continentes** correspondem às grandes porções de terra cercadas por oceanos e mares. As ilhas são formadas por porções de terra menores.

Os continentes também são divididos politicamente, considerando as características históricas e culturais dos povos que ocupam as terras e a organização desses povos em países. De acordo com esse critério, todas as terras emersas, incluindo as ilhas, estão divididas em seis continentes: América, África, Europa, Ásia, Oceania e Antártida (ou Antártica). Veja no planisfério abaixo.

As ilhas apresentam tamanhos muito variados. Algumas têm milhares ou até milhões de quilômetros quadrados de área, e outras são menores, como a ilha de Santa Bárbara, no arquipélago de Abrolhos. Caravelas, BA. Foto de 2017.

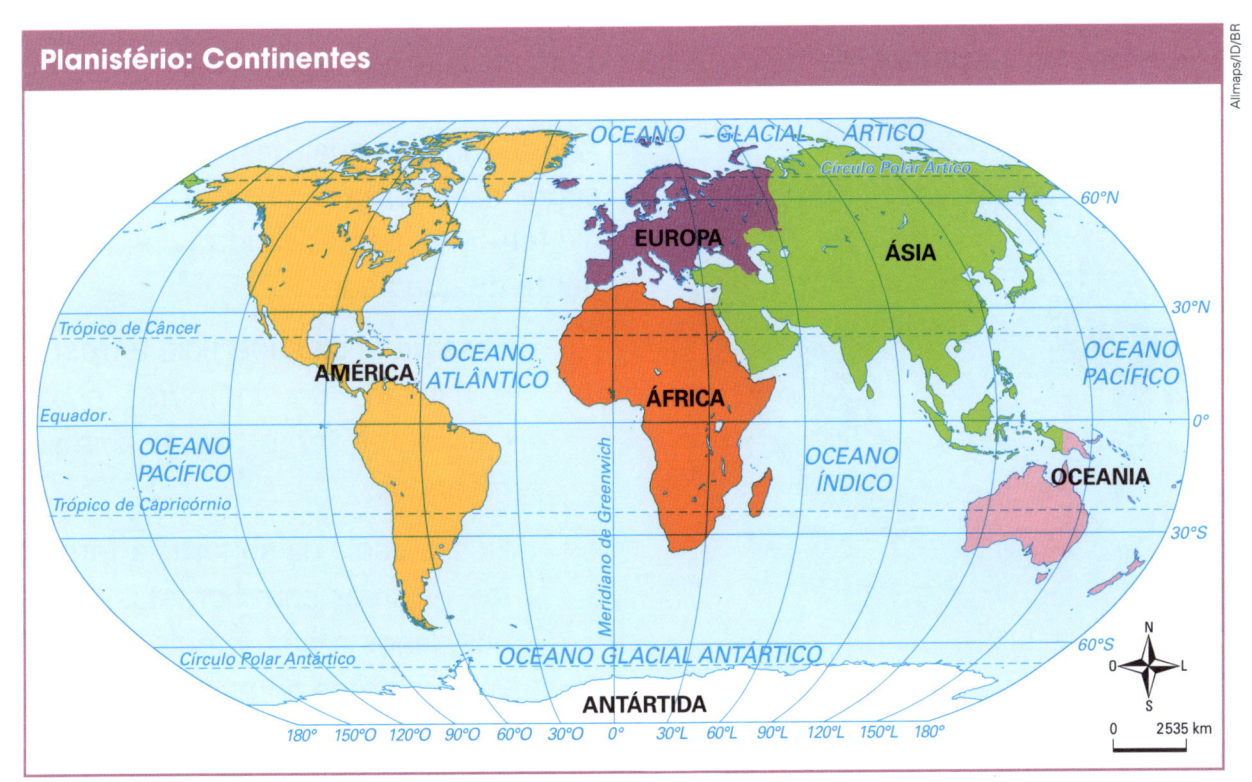

Planisfério: Continentes

Fonte de pesquisa: *Atlas geográfico escolar*. Rio de Janeiro: IBGE, 2016. p. 32-33.

2 Em qual continente você vive? De que cor ele está demarcado no planisfério?

3 Qual é o continente que ocupa, com a Europa, a mesma grande porção de terra emersa?

Aprender sempre

1 Identifique nas imagens a seguir o movimento que a Terra faz ao redor do próprio eixo e o movimento em que ela gira ao redor do Sol.

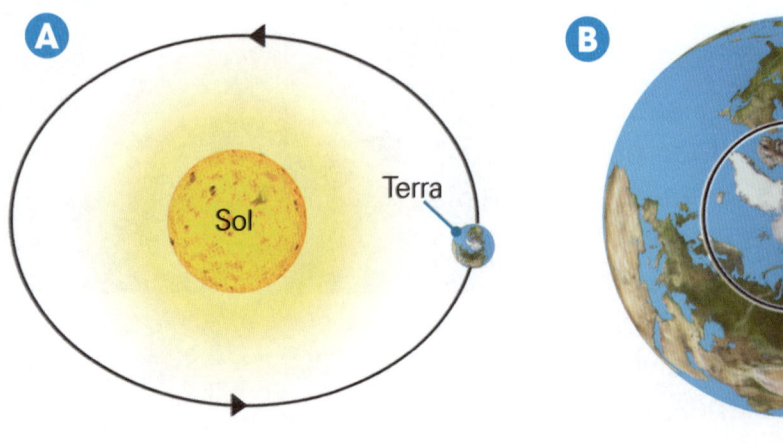

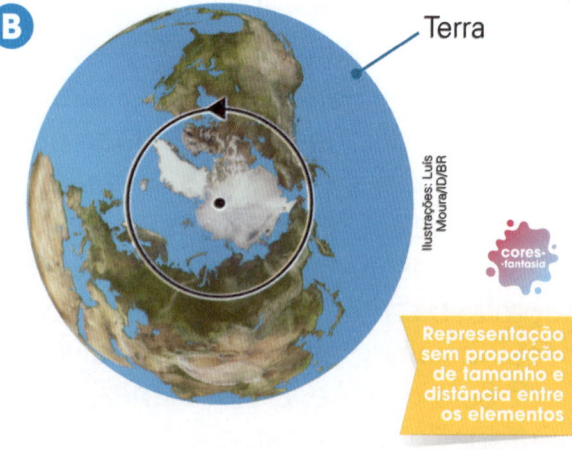

A Sol / Terra

B Terra

Representação sem proporção de tamanho e distância entre os elementos

_____   _____

2 Observe as partes identificadas com as letras **A** e **B** no globo terrestre.

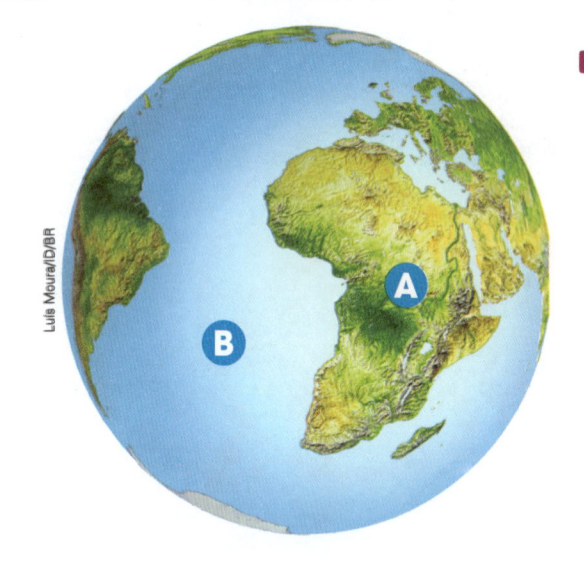

- Agora, indique qual das alternativas a seguir caracteriza cada parte da superfície terrestre. Escreva a letra correspondente no quadrado.

☐ Essa parte da superfície terrestre é habitada por inúmeras espécies de peixes e outros animais marinhos.

☐ Nessa parte da superfície terrestre, há áreas com florestas, campos, lagos e rios. É nela onde vivem os seres humanos.

3 Os oceanos e mares recebem grande quantidade de resíduos. Converse com os colegas sobre as seguintes questões:

a. Quais são as principais causas da poluição dos oceanos e mares?

b. Quais são os prejuízos que essa poluição provoca?

c. O que é necessário para controlar e diminuir a poluição marítima?

4 O mapa abaixo é um planisfério político. Além de toda a superfície terrestre, ele representa os limites entre os países. Na sequência, há duas imagens de satélite de duas posições diferentes da Terra.

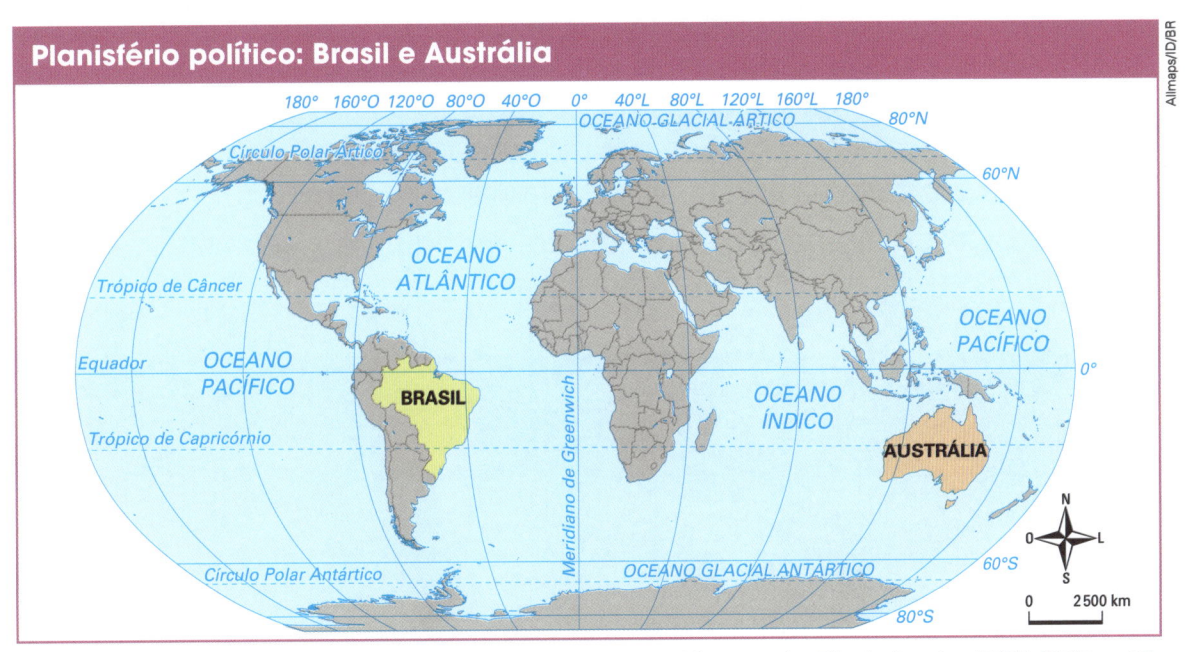

Planisfério político: Brasil e Austrália

Fonte de pesquisa: *Atlas geográfico escolar*. Rio de Janeiro: IBGE, 2016. p. 32.

a. Reúna-se com um colega. Observem o Brasil e a Austrália na representação acima. Depois, leiam as frases abaixo e assinalem a afirmação **incorreta**.

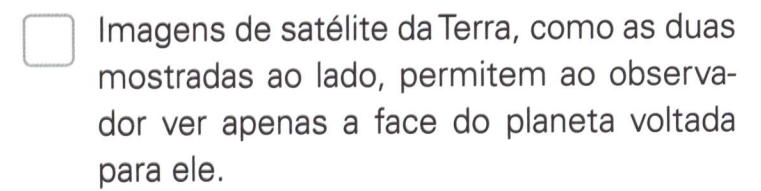

☐ Imagens de satélite da Terra, como as duas mostradas ao lado, permitem ao observador ver apenas a face do planeta voltada para ele.

☐ Não é possível representar o Brasil e a Austrália ao mesmo tempo em um planisfério.

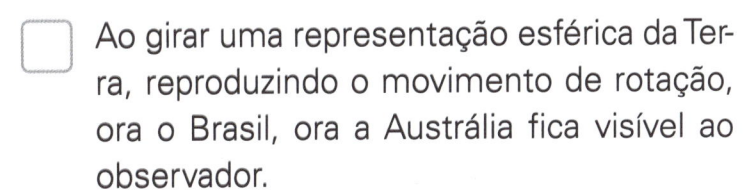

☐ Ao girar uma representação esférica da Terra, reproduzindo o movimento de rotação, ora o Brasil, ora a Austrália fica visível ao observador.

b. Explique por que a afirmação que vocês assinalaram é incorreta.

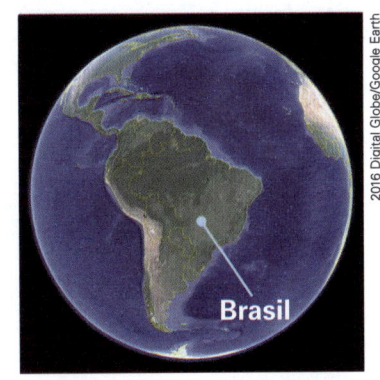

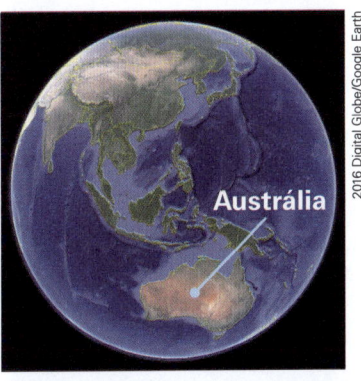

_____
_____

dezenove **19**

CAPÍTULO 2
O Brasil

As representações gráficas de um território também podem ser encontradas em obras de arte. Alguns artistas criam obras que se utilizam dessas representações para provocar reflexões e transmitir ideias. Este é o caso da artista plástica Anna Bella Geiger.

Observe com atenção a obra de arte reproduzida a seguir.

Anna Bella Geiger. *Orbis descriptio* [Descrição do mundo], 1995. Gaveta antiga de arquivo de ferro, encáustica [cera com pigmentos], folha e fio de cobre e cobertor de feltro.

▶ Quais os dois territórios que você imagina estar representados na obra de arte reproduzida acima? Que semelhanças e diferenças você consegue perceber entre eles?

▶ Que detalhes dessa obra chamam sua atenção? Você já viu outras representações artísticas inspiradas no território brasileiro, como a representação que está à esquerda? Em caso afirmativo, conte aos colegas como eram.

O Brasil na América do Sul

O Brasil ocupa uma grande área da América do Sul e é o maior país dessa parte do continente americano. Veja, no mapa, a posição e o tamanho do território brasileiro em comparação com os demais países sul-americanos.

A leste, o território brasileiro apresenta extenso litoral, banhado pelo oceano Atlântico. O Brasil não tem faixa litorânea banhada pelo oceano Pacífico.

A oeste, ao norte e ao sul de seu território, o Brasil faz divisa com outros países sul-americanos. Observe também os pontos extremos do território brasileiro. Veja o mapa a seguir.

Monumento que marca o ponto mais a leste do Brasil, na ponta do Seixas, PB. Foto de 2017.

Brasil: Limites políticos e pontos extremos do território

- Ponto mais ao norte do Brasil: monte Caburaí (nascente do rio Ailã), RR
- Ponto mais a leste do Brasil: ponta do Seixas, PB
- Ponto mais a oeste do Brasil: nascente do rio Moa, AC
- Ponto mais ao sul do Brasil: arroio Chuí, RS

Fonte de pesquisa: *Atlas geográfico escolar*. Rio de Janeiro: IBGE, 2017. p. 41 e 91.

1 Observe novamente os limites do Brasil a leste e a oeste. Cite uma diferença importante que podemos notar entre esses limites.

Características do território brasileiro

As características geográficas do Brasil estão diretamente relacionadas com o fato de o país ter um território bastante extenso. Já vimos, por exemplo, que o Brasil apresenta um longo litoral banhado pelo oceano Atlântico. Outra característica é fazer divisa com quase todos os países sul-americanos e com o território da Guiana Francesa, que pertence à França.

No grande território brasileiro, existem aspectos físicos muito diversificados. Combinados com as transformações realizadas pela população em cada parte do país, esses aspectos físicos formam paisagens bastante variadas.

Veja, nas fotos abaixo, alguns exemplos da diversidade de paisagens existentes no Brasil.

A Na floresta Amazônica, no Norte do Brasil, os rios atravessam áreas de relevo plano. Oiapoque, AP, 2015.

B Ao longo do litoral brasileiro, há muitos trechos com relevo plano formando praias que atraem muitos turistas. Tamandaré, PE, 2017.

C No litoral do Brasil, também há áreas de relevo ondulado, formando linhas sinuosas com praias entre morros. Salvador, BA, 2016.

D No Nordeste do Brasil, há áreas com vegetação que apresenta características que permitem sobreviver em ambiente com pouca chuva. Cabaceiras, PB, 2015.

E Relevo ondulado em Cavalcante, GO, 2016.

F Extensa área plana em Quixadá, CE, 2015.

G No Centro-Oeste do país, há trechos planos que alagam com as chuvas. Poconé, MT, 2014.

H No Sul, há extensas áreas planas cobertas por vegetação de campos. Santa Maria, RS, 2015.

1 Associe as fotos das paisagens ao estado onde ocorrem.

☐ Ceará   ☐ Amapá   ☐ Paraíba

☐ Rio Grande do Sul   ☐ Goiás   ☐ Mato Grosso

☐ Bahia   ☐ Pernambuco

2 Agora, pense como é a paisagem do lugar onde você vive e responda:

a. Alguma das fotos mostra uma paisagem parecida com a do lugar onde você vive? Em caso afirmativo, qual?

_____

b. Descreva a paisagem de seu bairro ou escolha outro lugar do município onde você vive para descrever a paisagem.

_____

_____

_____

vinte e três **23**

Formas de ocupação do território brasileiro

O Brasil apresenta muitas fontes de recursos naturais e também grande quantidade de terras usadas para a prática da agricultura e da pecuária. Levando esses aspectos em consideração, são variadas as formas como os agrupamentos humanos ocupam o território brasileiro. Veja alguns exemplos.

Entre as formas de ocupação humana na floresta Amazônica estão as aldeias que abrigam povos indígenas. Terra Indígena Kayapó, em São Félix do Xingu, PA. Foto de 2016.

Às margens dos rios que atravessam o interior do Brasil, são numerosas as ocupações rurais. Na foto, casa ribeirinha em Uaracá, AM. Foto de 2015.

Várias cidades do Brasil encontram-se em áreas com relevo ondulado. Nos morros e vales, há diversos tipos de habitação. Paisagem de Belo Horizonte, MG. Foto de 2015.

Diversos municípios brasileiros cresceram às margens de rios. É o caso de Itabuna, BA, que está às margens do rio Cachoeira. Foto de 2016.

3 O litoral brasileiro é a área do território do país que concentra a maior parte da população. Com um colega, pense em hipóteses para explicar isso. Depois, compartilhem suas impressões com os colegas.

IBGE 7 a 12
Disponível em: <https://7a12.ibge.gov.br>. Acesso em: 15 jan. 2018.
Nessa página do IBGE, voltada para crianças de 7 a 12 anos, você pode conhecer muitas coisas sobre o Brasil. Além disso, há brincadeiras e mapas do nosso país e do mundo.

Representações

A altitude nos mapas

Para representar as altitudes nos mapas, são utilizadas diferentes cores, uma para cada faixa de altitude. As cores mais escuras indicam as áreas mais altas, e as cores mais claras, as áreas mais baixas.

As cores que representam as altitudes (verde, amarelo, laranja, vermelho e marrom), em geral, são semelhantes em todos os mapas. Para cada cor, é indicado um nível de altitude, medido em metros. Isso é feito para facilitar a leitura.

Observe este mapa de altitudes do relevo brasileiro. Para compreender o mapa, observe a legenda e a ilustração com diferentes altitudes de um relevo.

Fonte de pesquisa: *Atlas geográfico escolar*. Rio de Janeiro: IBGE, 2016. p. 88.

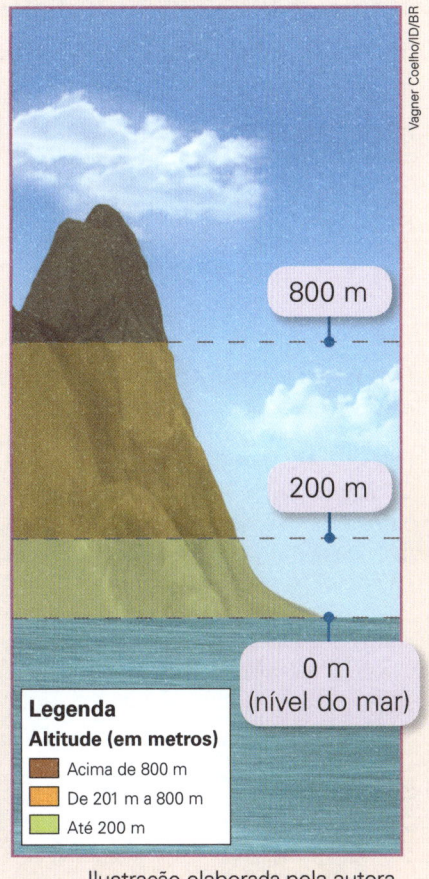

Ilustração elaborada pela autora.

1 Com base na leitura do mapa, responda:

a. Que cor indica as maiores altitudes do relevo?

b. As baixas altitudes foram representadas com qual cor?

c. Na unidade federativa em que você vive, predominam altitudes baixas ou elevadas?

Pessoas e lugares

Cidades-gêmeas: Sant'Ana do Livramento (RS) e Rivera (Uruguai)

O termo cidades-gêmeas é usado para designar municípios que são cortados por linha de limite entre países, seja ela traçada em rios ou em terra, estando articulada por obras de infraestrutura (como pontes e rodovias) ou não. As cidades-gêmeas precisam, portanto, estar em países diferentes. Além disso, para entrar nessa categoria, os municípios vizinhos precisam ter no mínimo dois mil habitantes cada um e expressivo potencial de integração econômica e cultural entre si.

Em 2014, o Brasil tinha 29 cidades-gêmeas, sendo que a maior parte estava localizada no Rio Grande do Sul, onde havia dez delas.

*Fluvial remete a rio. No caso do mapa, refere-se à articulação entre cidades-gêmeas por meio de rio.

Fontes de pesquisa: Andréa F. Weber. Unicamp. Política de línguas, circulação de jornais e integração em cidades-gêmeas da fronteira. *Revista do Laboratório de Estudos Urbanos do Núcleo de Desenvolvimento da Criatividade*, nov. 2015. Disponível em: <http://www.labeurb.unicamp.br/rua/web/index.php?r=paginasartigo%2Fviewpagina&numeroPagina=3&artigo_id=47>; Brasil. *Diário Oficial da União*, 24 mar. 2014. Disponível em: <http://pesquisa.in.gov.br/imprensa/jsp/visualiza/index.jsp?jornal=1&pagina=45&data=24/03/2014>. Acessos em: 13 jan. 2018.

Rio Grande do Sul: Tipos de articulações entre cidades-gêmeas — 2011

Foto da praça Internacional, que tem uma parte localizada em Sant'Ana do Livramento e outra parte, em Rivera. Foto de 2013.

Sant'Ana do Livramento, no Rio Grande do Sul, e Rivera, no Uruguai, são exemplos de cidades-gêmeas. Elas são articuladas por vias terrestres (ruas e avenidas). Por serem praticamente o mesmo município, é comum o fluxo de pessoas entre o Brasil e o Uruguai, indo e vindo de um país a outro diariamente. O comércio, por exemplo, é uma atividade que motiva esses deslocamentos.

Nesses dois municípios, os habitantes convivem com semelhanças, por causa da proximidade geográfica, mas também com diferenças, como os costumes e a língua. Porém, também é comum nesses municípios ver uruguaios falando português e brasileiros falando espanhol, ou mesmo ambos os grupos falando o "portunhol", uma mistura dos dois idiomas.

Pelo fato de as cidades-gêmeas estarem localizadas em áreas de limite, é importante haver acordos entre os países para garantir a segurança e a qualidade de vida das pessoas. Como esses municípios geralmente têm significativa integração econômica e cultural (ou ao menos potencial para isso), é comum apresentarem características semelhantes, a ponto de parecerem um único município. Por isso, é importante que os governos dos países dos quais fazem parte as cidades-gêmeas adotem ações conjuntas para administrar esses municípios.

Sant'Ana do Livramento e Rivera: Trecho da área de limite

Fonte de pesquisa: Google Maps. Disponível em: <https://goo.gl/maps/maVyAzkPMdq>. Acesso em: 13 jan. 2018.

Ponte que liga as cidades-gêmeas Oiapoque (lado direito), no Amapá, e Saint Georges (lado esquerdo), na Guiana Francesa. Foto de 2015, antes da inauguração da ponte, em 2017.

1 Quantas cidades-gêmeas o Brasil possuía em 2014? Qual é o estado brasileiro com mais municípios desse tipo?

2 De acordo com o mapa, que tipo de articulação têm as cidades-gêmeas de Sant'Ana do Livramento e Rivera?

3 Segundo o mapa, é possível haver articulação de mais de duas cidades-gêmeas? Explique.

4 Você já esteve em alguma cidade-gêmea? Como você acha que deve ser morar em uma cidade assim?

Aprender sempre

1 Observe o mapa abaixo. Depois, responda às questões.

América do Sul: Político — 2016

Fonte de pesquisa: *Atlas geográfico escolar*. Rio de Janeiro: IBGE, 2016. p. 41.

a. Com quais países sul-americanos o Brasil não faz limite?

_____

b. Quais países fazem, ao mesmo tempo, limite com o Brasil e o Chile?

_____

c. Quais países sul-americanos não têm saída para o mar?

_____

d. Imagine esta situação: Bruna, que é brasileira, quer viajar pela América do Sul. Ela vai sair de Brasília para conhecer Montevidéu, Lima, Quito, Bogotá e Georgetown. Quais países ela vai visitar?

_____

2 Leia a seguir um texto sobre o município sul-mato-grossense de Ponta Porã, conhecido como Princesinha dos Ervais, devido à produção de erva-mate. Depois, com um colega, responda às questões.

> [...] Quem vive em Ponta Porã costuma dizer que mora em dois países ao mesmo tempo. [...] Basta atravessar uma rua [...] [para estar] em Pedro Juan Caballero [município do Paraguai]. Milhares de pessoas fazem o caminho todos os dias. [...]
>
> "Temos um linguajar próprio. Nós misturamos o guarani, espanhol e português. Nós nos entendemos dessa forma. Nós tomamos o tereré que é de origem paraguaia, e isso influenciou em todo estado. É uma mistureba boa demais, desde que a pessoa se permita vivê-la. Isso é fronteira", [diz a moradora] Walquiria Capusso.
>
> Na terra da Princesinha dos Ervais ninguém é brasileiro ou paraguaio. Como dizem eles por lá, todos são 'brasiguaios' – uma mistura dos dois países. [...]

Ponta Porã, MS, tem mistura de povos, costumes e culturas, *G1*, 27 mar. 2017. Disponível em: <http://g1.globo.com/mato-grosso-do-sul/noticia/2017/03/ponta-pora-ms-tem-mistura-de-povos-costumes-e-culturas.html>. Acesso em: 16 jan 2018.

a. Pelo que foi descrito no texto e pelo que você aprendeu neste capítulo, como são conhecidas cidades fronteiriças como Ponta Porã e Pedro Juan Caballero?

b. De acordo com o texto, por que os moradores de Ponta Porã se chamam de brasiguaios?

c. Por que é importante que os moradores de ambas as cidades respeitem e valorizem a cultura dos dois países?

CAPÍTULO 3

Comunicação e transporte no território brasileiro

Os diferentes lugares do mundo estão cada vez mais conectados, e a circulação de pessoas, de informação e de mercadorias é cada vez mais intensa. Os meios de transporte e de comunicação possibilitam essa integração de lugares e pessoas. Observe com atenção a imagem a seguir.

- Quais elementos representados na imagem possibilitam o transporte de pessoas e de mercadorias entre um lugar e outro?

- Você usa algum meio de transporte para ir à escola? Em caso afirmativo, qual?

- Quais meios de comunicação mostrados na imagem poderiam conectar pessoas que moram em lugares diferentes?

- Quais meios de comunicação você utiliza em seu dia a dia? Explique por que eles são importantes para você.

Os meios de transporte

Se pensarmos nos lugares distantes que visitamos ou frequentamos, vamos notar que, para chegar a eles, quase sempre usamos algum meio de transporte. Podemos ir a pé a lugares perto da nossa casa, mas, geralmente, usamos bicicletas, motos, ônibus, carros, barcos, trens e aviões para chegar a lugares mais distantes.

O território brasileiro é muito extenso, o que torna os meios de transporte ainda mais importantes para os **deslocamentos**. Quanto maior o território, maior o desafio para **pessoas** e **mercadorias** circularem de um lugar para outro.

Além de ser muito grande, o Brasil apresenta ampla diversidade de paisagens. Muitas delas têm elementos que dificultam o deslocamento de pessoas e de mercadorias, enquanto outras têm elementos que facilitam o transporte, como os rios em áreas de planície.

Cavalos e charretes já foram meios de transporte essenciais no Brasil e, ainda hoje, são utilizados em alguns lugares. Boiadeiro conduz gado em Ortigueira, PR. Foto de 2016.

A serra do Rio do Rastro, SC, é um exemplo de obstáculo natural para o deslocamento de pessoas e de mercadorias. É possível notar que a estrada foi construída em zigue-zague. Bom Jardim da Serra, SC. Foto de 2016.

Integração do território

Os meios de transporte possibilitam ligar diferentes partes do território de um país, por mais distantes que estejam umas das outras. Para isso, são necessárias **estruturas viárias**, como rodovias, ferrovias e hidrovias.

O desenvolvimento dessas estruturas configura uma **rede de transporte** e possibilita o deslocamento de pessoas e de mercadorias em curtas, médias ou longas distâncias. A rede de transporte, portanto, contribui para integrar o território de um país.

1 Como os meios de transporte contribuem para integrar o território?

O transporte rodoviário

O transporte rodoviário, que inclui carros, ônibus, motos e caminhões, é o mais utilizado no Brasil.

A **malha rodoviária** brasileira começou a se desenvolver a partir da década de 1930. Nessa época, existia a preocupação de integrar o território nacional, ligando áreas distantes do país aos principais centros econômicos. O transporte rodoviário foi, então, escolhido para proporcionar essa integração.

Nas décadas seguintes, foram realizados mais investimentos na malha rodoviária. Isso contribuiu para que o transporte rodoviário se tornasse o principal do país.

Para ser eficiente, o transporte rodoviário necessita de ruas e estradas em boas condições de uso: pavimentadas, sem buracos, com boa sinalização, etc. Porém, essa não é a realidade em grande parte das vias brasileiras.

Outro problema relacionado ao transporte rodoviário é a emissão de **gases poluentes**, que prejudicam o meio ambiente.

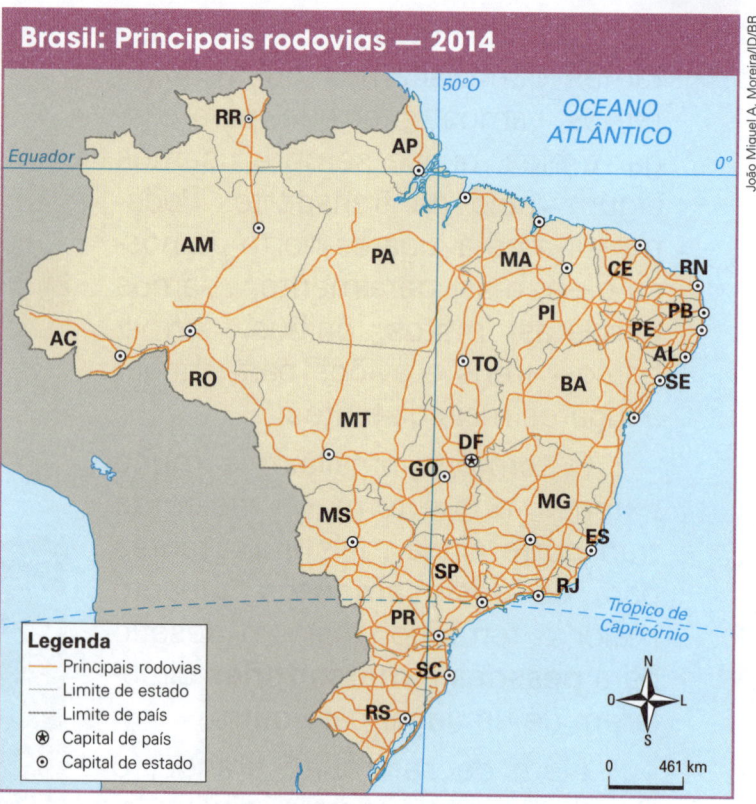

Brasil: Principais rodovias — 2014

Fonte de pesquisa: Ministério dos Transportes. Departamento de Informações em Transportes (Deint). Disponível em: <http://www2.transportes.gov.br/bit/01-inicial/07-download/rodo2013.pdf>. Acesso em: 20 set. 2017.

Os carros elétricos são movidos a eletricidade e não liberam gases poluentes. Eles têm se popularizado no mundo, apesar de ainda serem poucos. No Brasil, são raros. Na foto de 2016, recarga de carro elétrico em Londres, Reino Unido.

2 Em sua opinião, a redução do uso do transporte rodoviário seria importante para a preservação do meio ambiente? Por quê?

O transporte ferroviário

O sistema ferroviário integra poucas áreas do território brasileiro. As primeiras ferrovias foram implantadas no país na década de 1850 para transportar produtos agrícolas e minerais aos portos para exportação. Além de ser adequado às longas distâncias, o transporte ferroviário tem como vantagens a baixa emissão de poluentes e a grande capacidade de carga.

Fonte de pesquisa: Confederação Nacional do Transporte (CNT). *Pesquisa CNT de Ferrovias 2015*. Disponível em: <http://www.cnt.org.br/Pesquisa/pesquisa-cnt-ferrovias>. Acesso em: 21 set. 2017.

Brasil: Rede ferroviária — 2015

Ainda no século 19, em algumas áreas urbanas do Brasil, passaram a ser utilizados bondes – veículos movidos a eletricidade, que, assim como os trens, se movem sobre trilhos. Os bondes serviam para o transporte coletivo de pessoas. Durante o século 20, caíram em desuso e foram substituídos principalmente por ônibus.

Atualmente, em diversos centros urbanos brasileiros, há outros meios de transporte sobre trilhos, como metrôs e veículos leves sobre trilhos (VLTs). Além disso, capitais como São Paulo, Rio de Janeiro, Belo Horizonte, Porto Alegre, Natal, Maceió e João Pessoa contam com os chamados trens metropolitanos, que circulam dentro desses municípios e em municípios próximos.

Hoje, a rede ferroviária brasileira tem basicamente a mesma função que tinham as primeiras ferrovias do país: o **transporte de produtos agrícolas e minerais** em direção aos portos do litoral, de onde são **exportados**.

3 De acordo com o mapa desta página, qual região brasileira quase não apresenta ferrovias? Em sua opinião, por que isso ocorre?

4 O Brasil deveria utilizar mais o sistema ferroviário e realizar mais investimentos nessa rede de transporte? Por quê?

O transporte aquaviário

O transporte aquaviário utiliza rios, lagos e oceanos para a locomoção de pessoas e de mercadorias.

No Brasil, sobretudo na Região Norte, a extensa rede de rios navegáveis favorece o transporte pelas **hidrovias**, nas quais circulam embarcações.

Durante o período colonial, um tipo de navegação chamado **cabotagem** foi muito importante para integrar áreas do litoral brasileiro. A navegação de cabotagem é realizada entre portos do mesmo país por rotas marítimas, que podem incluir trechos por rios navegáveis. Até hoje, o Brasil faz transporte de cargas por cabotagem.

Brasil: Principais hidrovias — 2013

Fonte de pesquisa: Ministério dos Transportes. Departamento de Informações em Transportes (Deint). Disponível em: <http://www2.transportes.gov.br/bit/01-inicial/07-download/mapahidro2013.pdf>. Acesso em: 21 set. 2017.

Navio cargueiro no rio Amazonas, perto de Manaus, AM. Foto de 2014.

5 Leia o texto abaixo e, com base nele, responda à questão.

> O transporte aquaviário é apontado como o meio de transporte mais barato e o que menos consome energia. Também é considerado o mais indicado para mover grandes volumes a grandes distâncias. O Brasil [...] tem em seu território diversos rios caudalosos, propícios à navegação, entretanto, esse não é o meio mais utilizado no país para a movimentação interna de cargas. [...]

Caudaloso: que apresenta grande volume de água.

Fabiano Mezadre Pompermayer e outros. *Texto para discussão* – Hidrovias no Brasil: perspectiva histórica, custos e institucionalidade. Rio de Janeiro: Ipea, 2014. Disponível em: <http://repositorio.ipea.gov.br/bitstream/11058/2714/1/TD_1931.pdf>. Acesso em: 21 set. 2017.

- Quais são as vantagens do transporte aquaviário?

O transporte aéreo

Os veículos de transporte aéreo mais utilizados no mundo são os **aviões** e os **helicópteros**. A vantagem desse tipo de transporte é percorrer longas distâncias em pouco tempo.

No Brasil, os aviões transportam muitas pessoas e cargas, mas essa opção não está disponível a todos. Na maioria dos municípios, não há **aeroportos**, e o custo das passagens pode ser alto.

Em 2016, aviões de companhias aéreas nacionais e estrangeiras transportaram mais de 109 milhões de passageiros em voos domésticos (dentro do Brasil) e internacionais. Foto de avião no Aeroporto Internacional de Guarulhos, em São Paulo, em 2016.

O uso do avião como meio de transporte de passageiros só se popularizou a partir da segunda metade do século 20. Antes disso, as pessoas que desejassem viajar longas distâncias precisavam usar trens ou navios que atravessassem os oceanos. Os deslocamentos, que podiam levar muitos dias, passaram a ser realizados em apenas algumas horas com o uso dos aviões.

Muitas cargas também são transportadas em aviões, permitindo que cheguem a seu destino com muito mais rapidez.

6 Analise o gráfico a seguir para responder às questões.

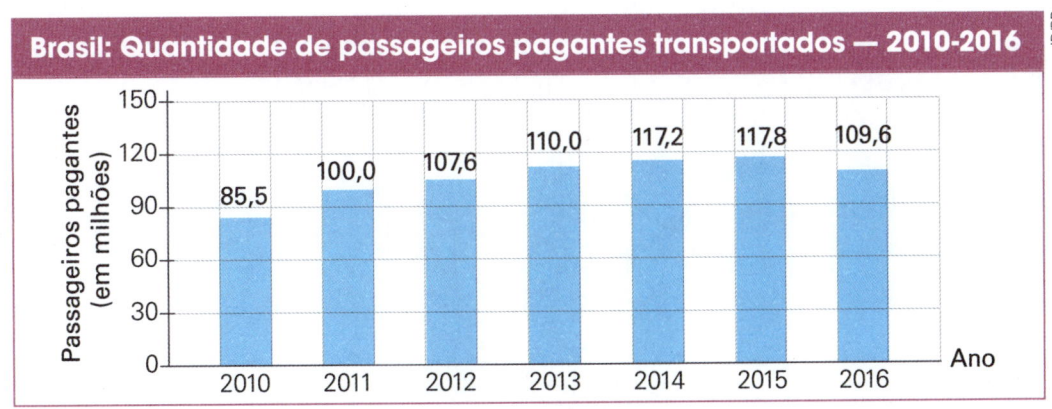

Brasil: Quantidade de passageiros pagantes transportados — 2010-2016

Ano	Passageiros pagantes (em milhões)
2010	85,5
2011	100,0
2012	107,6
2013	110,0
2014	117,2
2015	117,8
2016	109,6

Fonte de pesquisa: Agência Nacional de Aviação Civil (Anac). *Anuário do Transporte Aéreo 2016*. Disponível em: <http://www.anac.gov.br/assuntos/dados-e-estatisticas/mercado-de-transporte-aereo/anuario-do-transporte-aereo/dados-do-anuario-do-transporte-aereo>. Acesso em: 21 set. 2017.

a. Entre quais anos o aumento do número de passageiros pagantes transportados foi maior?

b. No período mostrado no gráfico, a tendência foi de aumento ou de diminuição do número desses passageiros? Houve alguma exceção? Explique.

7 Antes do uso de aviões, como era feito o deslocamento de pessoas em grandes distâncias?

Os meios de comunicação

Séculos atrás, uma informação podia levar meses para chegar a lugares muito distantes um do outro, por exemplo, de um país na Europa até o Brasil. Atualmente, uma notícia divulgada em nosso país pode ser imediatamente conhecida por qualquer pessoa em praticamente qualquer lugar do mundo. Isso é possível devido ao desenvolvimento tecnológico dos meios de comunicação.

No passado, por ser um país de dimensões continentais, o Brasil enfrentava a lentidão na **circulação de informações**. À medida que os meios e a tecnologia de comunicação foram se desenvolvendo, essa situação melhorou muito. Pessoas, empresas e órgãos do governo de diversas partes do país passaram a interagir com maior facilidade e rapidez. Isso mostra a importância dos meios de comunicação para a **integração nacional**.

1 Uma das tecnologias atuais mais eficientes na transmissão de informações é a fibra ótica. Esse tipo de cabeamento pode transmitir rapidamente um volume muito grande de dados. Pela fibra ótica, o sinal de internet pode trafegar em alta velocidade, por exemplo. Observe o mapa abaixo.

Brasil: Principais redes de fibra ótica — 2013

João Miguel A. Moreira/ID/BR

Legenda:
— Principais redes de fibra ótica
--- Limite de país
--- Limite de estado

0   460 km

Fonte de pesquisa: *Atlas brasileiro de telecomunicações 2014*. São Paulo: Converge Comunicações, 2015. p. 76-84.

Dado: neste texto, é a informação que pode ser enviada pelo computador, pelo celular e por outros equipamentos.

a. As redes de fibra ótica estão espalhadas de forma equilibrada pelo território brasileiro? Explique.

b. Por que o desenvolvimento dos meios de comunicação é importante para um país?

Os principais meios de comunicação

Para receber e enviar mensagens, há vários meios de comunicação. As cartas, os *e-mails* e o telefone, por exemplo, são importantes meios de **comunicação pessoal**.

Existem, ainda, meios de comunicação como o rádio, a televisão, a internet e os jornais, que possibilitam enviar mensagens para um grande número de pessoas ao mesmo tempo. Esses são os **meios de comunicação de massa**.

2 Observe a seguir exemplos de meios de comunicação. Depois, responda às questões.

a. Dos meios de comunicação mostrados, quais deles você mais utiliza?

b. Quais fotos retratam meios de comunicação de massa?

trinta e sete 37

■ O jornal impresso, o rádio e a televisão

O **jornal impresso** existe no Brasil desde o início do século 19. Há jornais que circulam no país inteiro e outros, em apenas alguns municípios ou mesmo em bairros. O jornal impresso foi o primeiro meio de comunicação de massa do Brasil.

Devido ao desenvolvimento de outros meios de comunicação, discute-se hoje se o jornal impresso continuará a existir. A internet, por exemplo, consegue fornecer informações imediatamente, o que os jornais impressos não são capazes de fazer.

No Brasil, muitas pessoas escutam rádio ao dirigir. Município de São Paulo. Foto de 2017.

O **rádio** é outro veículo de comunicação de massa tradicional, utilizado no Brasil desde a década de 1920. Nesse período, e nas décadas seguintes, era comum as famílias se reunirem para ouvir radionovelas e noticiários. Atualmente, o rádio é bastante usado para a transmissão de notícias e de músicas.

A **televisão** teve início no Brasil nos anos 1950. Porém, ela só se popularizou a partir da década de 1970, porque era um eletrodoméstico caro. Hoje, ela é o principal meio de comunicação de massa do Brasil. Isso se deve à sua capacidade de transmitir programas artísticos, informativos e educativos utilizando imagens e som para praticamente todo o território brasileiro.

3 Observe os gráficos a seguir. Depois, responda à questão.

Brasil: Uso de televisão (a cada grupo de 100 domicílios) — 1992 e 2015

1992
- 74 Domicílios com televisão
- 26 Domicílios sem televisão

2015
- 97 Domicílios com televisão
- 3 Domicílios sem televisão

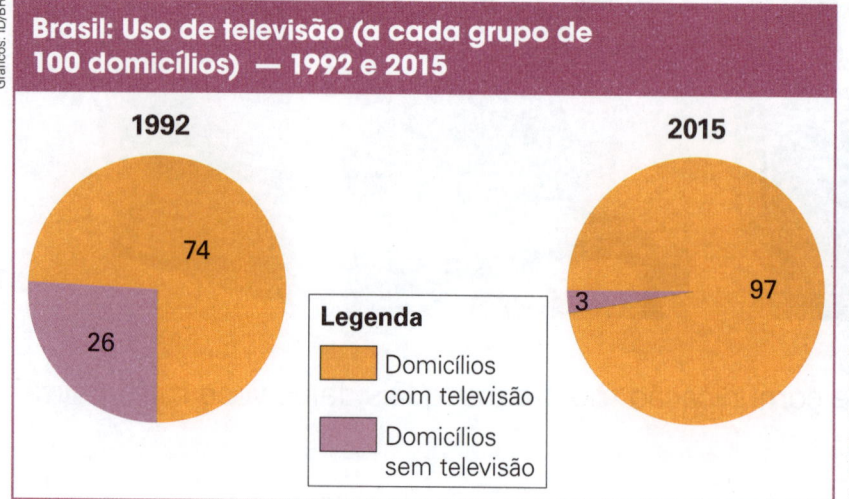

Fontes de pesquisa: IBGE. Séries históricas e estatísticas. Disponível em: <https://seriesestatisticas.ibge.gov.br/series.aspx?no=6&op=0&vcodigo=FED214&t=domicilios-particulares-permanentes-televisao>; IBGE. Pnad 2015. Disponível em: <https://biblioteca.ibge.gov.br/visualizacao/livros/liv99054.pdf>. Acessos em: 22 set. 2017.

■ O que aconteceu com o número de domicílios com televisão no Brasil de um ano para outro?

O telefone, o celular e a internet

O **telefone** foi inventado em 1876 e chegou ao Brasil ainda no século 19. Naquela época, só um número muito pequeno de pessoas podia ter acesso a essa inovação. Em geral, é isso que costuma acontecer quando surge uma invenção: o produto é inicialmente caro e acessível apenas a poucos que podem pagar por ele. Atualmente, no Brasil, o telefone é acessível à maioria da população.

Os **celulares** começaram a ser utilizados no Brasil no início da década de 1990. Desde então, a quantidade de telefones móveis em uso no país vem crescendo. Hoje, grande parte dos aparelhos disponíveis no mercado tem múltiplas funções, além da ligação telefônica, e com eles é possível navegar pela internet, assistir a canais de televisão, ouvir estações de rádio, fotografar, produzir vídeos, etc.

A **internet** é uma rede que interliga aparelhos como computadores e celulares e funciona por meio de cabos, antenas ou satélites, que possibilitam enviar e receber dados. Pessoas das mais diversas partes do mundo acessam a internet.

Pela internet, é possível trocar mensagens, interagir em redes sociais, ler notícias, fazer pesquisas, participar de jogos com pessoas de vários lugares ao mesmo tempo, comprar e vender produtos e serviços, assistir a vídeos, etc.

Por telefone também podem ser comercializados produtos e serviços. Na foto, central de atendimento telefônico de uma empresa no município do Rio de Janeiro, em 2017.

Hoje, a maioria dos brasileiros acessa a internet pelos celulares. Brasília, DF. Foto de 2017.

4 Fora da escola, você costuma conversar, brincar e jogar com amigos pela internet? Você gasta mais tempo interagindo com eles pela internet ou pessoalmente?

5 Converse com os colegas sobre a importância da comunicação a distância e também do contato presencial entre as pessoas.

Aprender sempre

1 Observe o esquema abaixo e, com base nele, explique a importância dos meios de transporte para a produção, o comércio e a circulação de mercadorias.

Ilustra Cartoon/ID/BR

2 Reúna-se com alguns colegas. Em seguida, citem um meio de comunicação que vocês utilizam para:

a. conversar com um amigo que mora longe;

_____

b. convidar amigos para seu aniversário;

_____

c. ler notícias sobre seu país;

_____

d. assistir a um filme;

_____

e. ouvir música.

_____

3 Pergunte a familiares ou a algum conhecido quais eram os meios de comunicação que eles usavam quando crianças, nas situações indicadas na atividade anterior. Compare as respostas deles com as suas e, depois, compare com as respostas de seus colegas.

4 Ana e João moram no mesmo bairro e estudam na mesma escola. Como cada um ia de carro com seu respectivo pai, resolveram sugerir um rodízio: a cada dia um dos pais ficaria responsável por levá-los à escola. Com base nesse exemplo, converse com os colegas e o professor sobre as questões a seguir.

a. Quais argumentos Ana e João podem ter usado para convencer seus pais a fazer um rodízio?

b. Você considera importante conversar e sugerir mudanças? Que outras sugestões você daria para melhorar o trânsito no município em que vive?

5 Leia o texto abaixo e depois converse com os colegas e o professor sobre as questões a seguir.

> Há pouco mais de um século, a ferrovia Madeira-Mamoré foi construída em plena floresta Amazônica para o transporte do látex extraído das seringueiras.
>
> Atravessando trechos de ferrovia e de rio, o látex chegava até o oceano Atlântico. Era transportado em navios para a Europa, onde abastecia as indústrias de borracha.
>
> O município de Porto Velho, capital do estado de Rondônia, surgiu com a construção dessa ferrovia, o que indica a importância que ela teve na época. Hoje, a ferrovia Madeira-Mamoré está praticamente inutilizada.

Ponto inicial da ferrovia Madeira-Mamoré, em Porto Velho, RO. Foto de 1909.

Texto para fins didáticos.

a. Como era feito o transporte do látex entre a Amazônia e a Europa?

b. Em sua opinião, quais mudanças a construção da ferrovia pode ter provocado na floresta e em seu entorno?

CAPÍTULO 4

A dinâmica da população no território

Muitas pessoas já **migraram** de cidade, estado ou mesmo de país. Isso significa que elas, hoje, moram em um lugar, mas já moraram em outra localidade no passado. Os **migrantes** mudam do lugar onde vivem por diversas razões: em busca de melhores condições de vida, de trabalho, entre outras. Observe a seguir a escultura do artista plástico pernambucano Abelardo da Hora, inaugurada em 2008.

Memorial aos Imigrantes, obra de Abelardo da Hora, exposta no Parque Dona Lindu, no Recife, PE. Foto de 2017.

▶ Como você descreveria essa obra de arte? O que ela representa?

▶ Você conhece alguma família que tenha se mudado de outro município para o lugar onde você mora? Sabe dizer por que eles saíram de onde viviam?

Ocupação do território e distribuição da população

No território brasileiro, a população está distribuída de modo **desigual**: existem áreas com grande número de habitantes e outras com número bem menor.

No início da colonização, as áreas mais ocupadas do Brasil foram as próximas ao **litoral**. Como foi no litoral que os portugueses desembarcaram, foram essas as terras que começaram a ser exploradas – por exemplo, com o cultivo da cana para a produção de açúcar.

Também no litoral teve início a **criação de gado**, atividade que logo promoveu a **ocupação** de terras no **interior** do país, seguindo principalmente o curso dos rios. Esse avanço para o interior era difícil, pois a mata era fechada e o terreno nem sempre era plano. Observe o mapa a seguir.

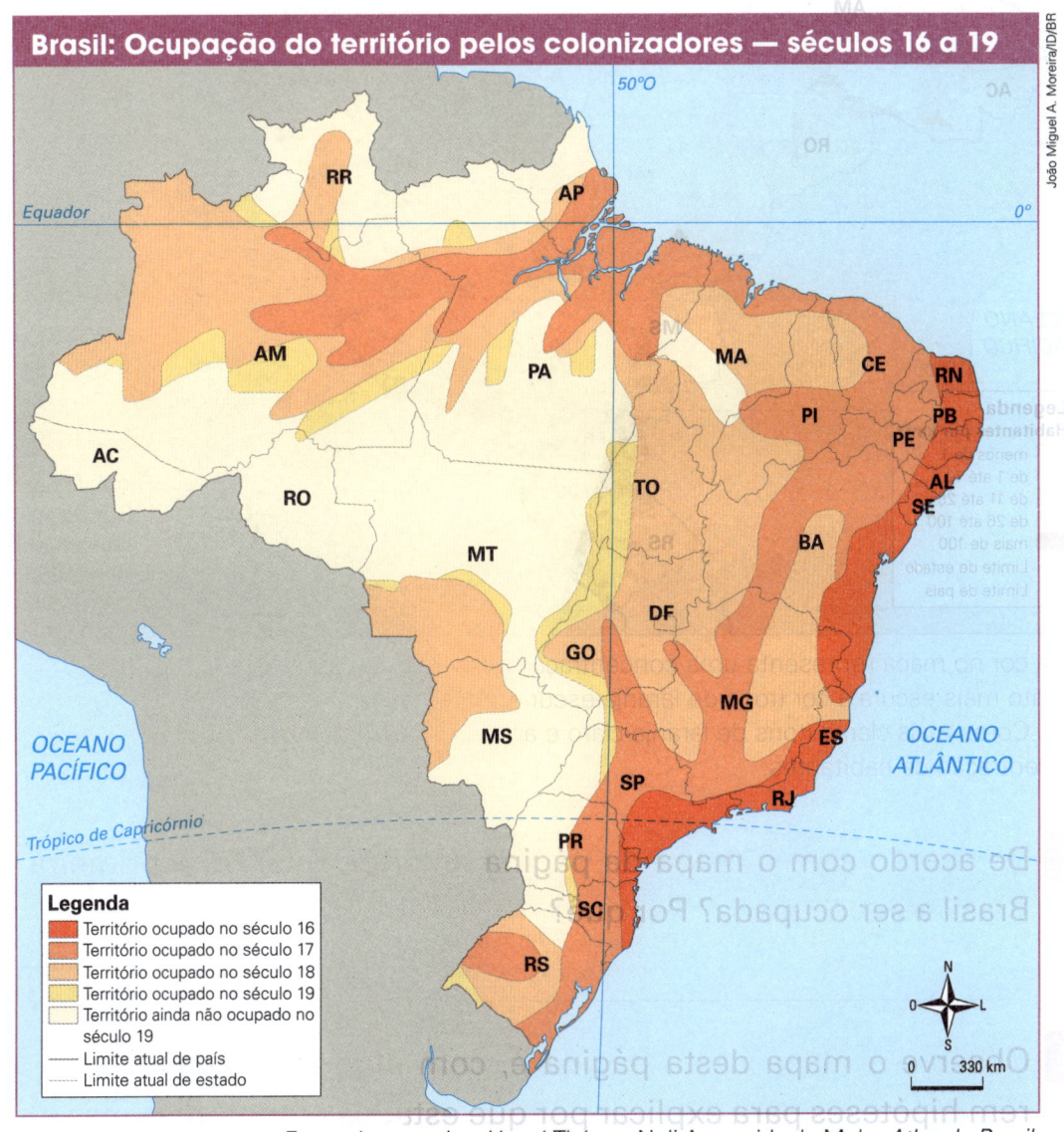

Brasil: Ocupação do território pelos colonizadores — séculos 16 a 19

Legenda:
- Território ocupado no século 16
- Território ocupado no século 17
- Território ocupado no século 18
- Território ocupado no século 19
- Território ainda não ocupado no século 19
- Limite atual de país
- Limite atual de estado

Fonte de pesquisa: Hervé Théry e Neli Aparecida de Melo. *Atlas do Brasil*: disparidades e dinâmicas do território. 2. ed. São Paulo: Edusp, 2014. p. 33.

No entanto, apesar das dificuldades, o interior do território brasileiro foi sendo pouco a pouco ocupado. Eventos como a descoberta de reservas de ouro contribuíram para esse movimento.

Em meados do século 19, o cultivo do café e, depois, a industrialização aceleraram o povoamento de algumas cidades, principalmente no estado de São Paulo. Essas cidades se desenvolveram economicamente e atraíram um número maior de pessoas.

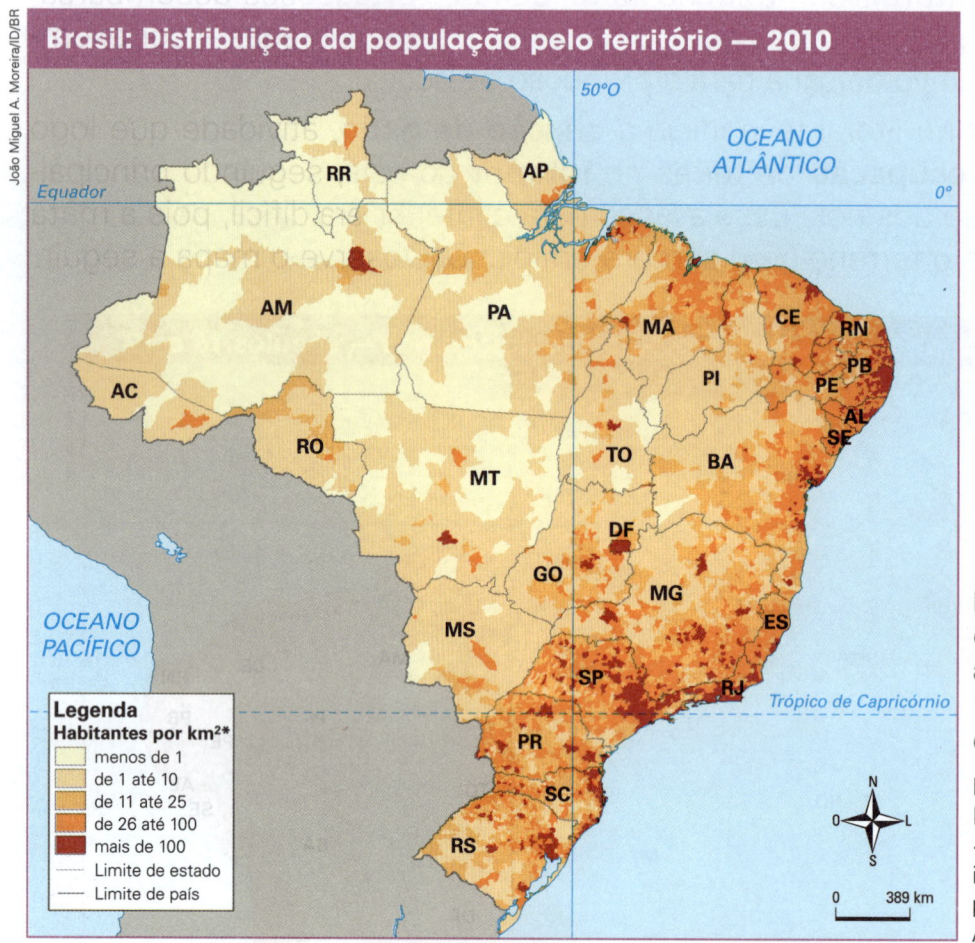

Brasil: Distribuição da população pelo território — 2010

Legenda
Habitantes por km²*
- menos de 1
- de 1 até 10
- de 11 até 25
- de 26 até 100
- mais de 100
- Limite de estado
- Limite de país

Nota: Os valores da legenda foram arredondados.
*km²: quilômetro quadrado

Fonte de pesquisa: IBGE. Disponível em: <https://portaldemapas.ibge.gov.br/portal.php#mapa22>. Acesso em: 26 set. 2017.

Cada cor no mapa representa uma concentração diferente de habitantes. Quanto mais escura a cor (tons de laranja-escuro), mais habitantes há na área. Cores mais claras (tons de laranja-claro e amarelo) indicam menor concentração de habitantes.

1 De acordo com o mapa da página anterior, qual foi a primeira área do Brasil a ser ocupada? Por quê?

2 Observe o mapa desta página e, com alguns colegas, elaborem hipóteses para explicar por que estados como Amazonas e Amapá têm poucos habitantes em seus territórios.

População em movimento

A distribuição da população em um território é dinâmica, pois as pessoas se movimentam de forma contínua ao longo do tempo e de maneira diversificada pelo espaço geográfico.

Com os **deslocamentos populacionais**, as pessoas que chegam a um novo município ou estado trazem com elas costumes próprios de seu lugar de origem, contribuindo para a **diversidade cultural** do lugar de destino.

Para entender como e por que as pessoas se movimentam dentro de um país, é importante compreender os fatores históricos e as características econômicas e sociais das regiões que compõem um território nacional.

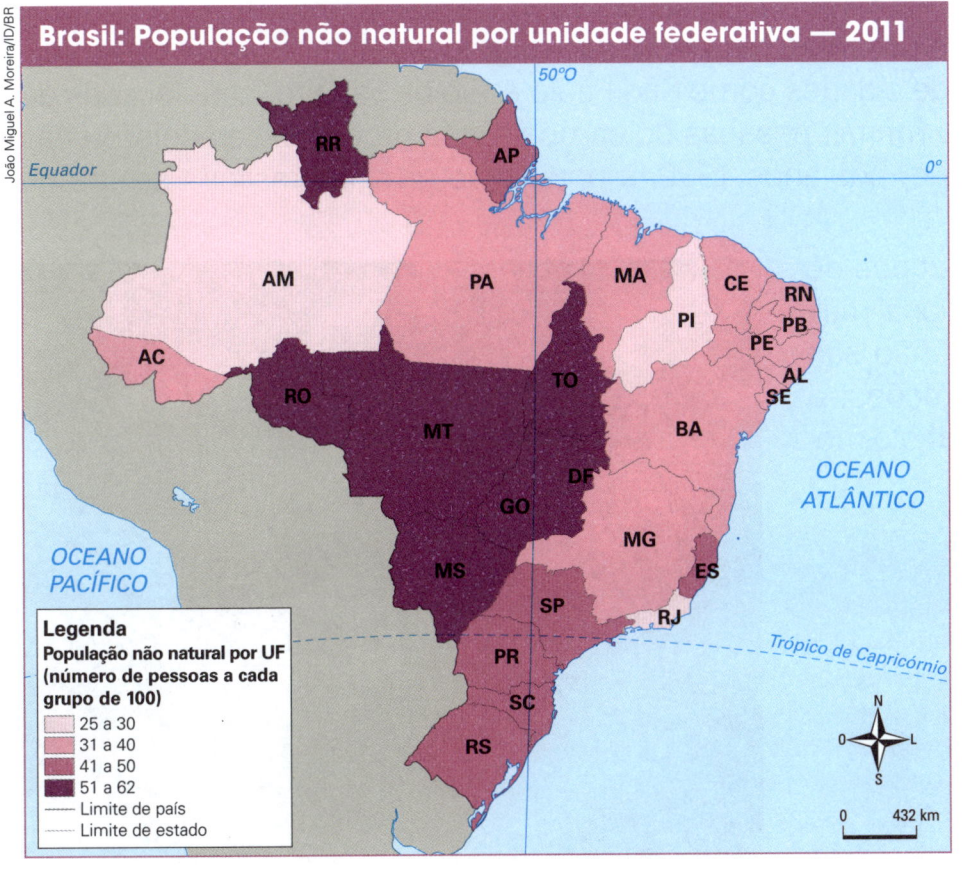

Brasil: População não natural por unidade federativa — 2011

Nesse mapa, pode-se observar o número de pessoas, a cada grupo de 100, que não nasceu na unidade federativa em que vive.
Nota: Os valores de algumas UFs foram arredondados.

Fonte de pesquisa: IBGE. Séries históricas e estatísticas. Disponível em: <https://seriesestatisticas.ibge.gov.br/series.aspx?vcodigo=PD368&t=migracoes-nao-naturais-municipio-residencia-grupos>. Acesso em: 26 set. 2017.

1 De acordo com o mapa, quais são as unidades federativas com a maior quantidade de população não natural?

2 Qual é o número de população não natural, a cada 100 pessoas, na unidade federativa em que você vive?

quarenta e cinco **45**

Causas dos deslocamentos populacionais

São vários os motivos que levam pessoas e famílias a se deslocar, seja dentro do próprio país, seja entre um país e outro. Alguns se deslocam em busca de emprego e de melhores condições de vida, enquanto outros são obrigados a fazer isso devido a conflitos e desastres naturais no lugar onde vivem.

Um tipo de deslocamento muito importante é o chamado **êxodo rural**, quando as pessoas deixam o campo para viver nas cidades. Considerado uma migração, ele é motivado por vários fatores. Os mais comuns são a existência de mais empregos nas áreas urbanas e sua melhor **infraestrutura**, como maior oferta de serviços de saúde e de escolas.

> **Infraestrutura:** conjunto de serviços e estruturas essenciais para o desenvolvimento de um lugar, como fornecimento de água e de energia elétrica.

O êxodo rural é um traço marcante das migrações brasileiras. O desenvolvimento industrial de cidades como São Paulo e Rio de Janeiro, nas décadas de 1940 e 1950, atraiu muitas pessoas do campo. Esse processo se acelerou nas décadas seguintes e, nos anos 1970, a população urbana brasileira se tornou maior que a rural.

Há, ainda, dois tipos de mobilidade populacional muito frequentes que não são considerados migrações: o movimento **sazonal** e o movimento **pendular**.

É comum no Brasil trabalhadores rurais se deslocarem para áreas de cultivo de laranja durante o período de colheita, que é realizada manualmente. Ao fim do trabalho, eles retornam para onde moram. Foto de plantação de laranja em Bebedouro, SP, 2013.

O movimento sazonal é o deslocamento por um período de semanas ou meses para outro local, com retorno para casa ao final do período. Ele costuma ser motivado pelo trabalho.

Já o movimento pendular ocorre quando as pessoas vivem em uma cidade e se deslocam para uma cidade próxima onde trabalham ou estudam. Elas geralmente vão e voltam para casa no mesmo dia, daí a razão de esse deslocamento ser chamado de movimento pendular.

3 Em sua opinião, como as condições de infraestrutura influenciam os deslocamentos populacionais?

Migrações internas: diferentes movimentos

As **migrações internas** referem-se ao movimento de pessoas dentro de um mesmo território nacional.

As pessoas podem migrar em uma mesma região, como entre os estados do Nordeste do Brasil. Muitos moradores do Maranhão, por exemplo, escolhem viver em Pernambuco ou na Bahia. Esse movimento é chamado de **migração intrarregional**.

Há também as chamadas **migrações inter-regionais**, que ocorrem quando há fluxo de pessoas de uma região a outra do país. Por exemplo, uma família que sai do Paraná para viver em Goiás.

A partir da década de 1960, com a transferência da capital federal do Rio de Janeiro para Brasília, o Centro-Oeste passou a ser uma região de atração populacional. Desde então, a expansão das atividades agrícolas e pecuárias nos estados de Goiás, Mato Grosso e Mato Grosso do Sul serviu também de fator de atração, especialmente para as populações do sul do país. Foto de trabalhadores migrantes chegando a Brasília, DF, 1956.

Durante o século 20, ocorreram movimentos migratórios inter-regionais importantes no território brasileiro. Muitas pessoas deixaram o Nordeste em direção aos grandes centros econômicos do Sudeste, por exemplo. O objetivo era conquistar melhores condições de vida. Atualmente, no entanto, as migrações intrarregionais são mais frequentes.

4 Complete os itens a seguir com a definição de cada tipo de deslocamento populacional.

a. Migração intrarregional: _____

b. Migração inter-regional: _____

c. Êxodo rural: _____

d. Movimento sazonal: _____

e. Movimento pendular: _____

O Brasil e as migrações internacionais

Quando uma pessoa deixa um país para viver em outro, ela é uma **imigrante** em relação ao país em que entra e **emigrante** em relação ao país de onde sai. Ao chegar a um novo país, os imigrantes podem encontrar dificuldades e preconceito. Contudo, acolher e respeitar essas pessoas, assim como sua cultura, são fundamentais para a construção de uma sociedade mais justa.

Historicamente, o Brasil sempre atraiu estrangeiros imigrantes. No final do século 19 e início do século 20, imigrantes italianos, espanhóis, alemães e japoneses vieram trabalhar nas plantações de café do Sudeste. Houve também imigrantes que se instalaram em colônias na Região Sul.

Atualmente, o Brasil atrai imigrantes principalmente de países como Bolívia, Paraguai e Argentina. Grande parte deles vem ao Brasil em busca de melhores condições de vida e de trabalho.

Existe também um movimento de saída de pessoas do Brasil para viver em outros países, que se intensificou a partir dos anos 1970. Já na década seguinte, o país passou por uma grave crise econômica, o que motivou muitos brasileiros a emigrar para outros países em busca de emprego, como os Estados Unidos. É lá que mora a maioria dos brasileiros que vive fora do Brasil.

A migração internacional enriquece a diversidade cultural de um país. Na foto, grupo folclórico com influência da cultura da Ucrânia se apresenta em Antonina, PR, 2017.

1 De que países vinha grande parte dos imigrantes que chegava ao Brasil no passado? Houve mudança em relação aos países de origem da maioria dos imigrantes que chegam hoje ao Brasil?

Os refugiados

Nos últimos anos, o Brasil tem recebido milhares de pessoas que precisaram sair de seus países de origem devido a problemas como guerras, conflitos, perseguições políticas e desastres ambientais. Elas foram forçadas a fazer isso porque corriam sério risco de vida. As pessoas que buscam refúgio e acolhimento em outros países são chamadas de **refugiados**.

Atualmente, a maior parte dos refugiados que chegam ao Brasil vem de países como Venezuela, Síria, Haiti e Angola. Alguns desafios enfrentados por essas pessoas são: aprender nosso idioma (quando não são falantes da língua), conseguir trabalho e adaptar-se a uma cultura diferente da de seu país de origem.

Foto de um grupo de refugiados procurando emprego no município de São Paulo, em 2015.

2 Observe o gráfico abaixo e responda às questões propostas.

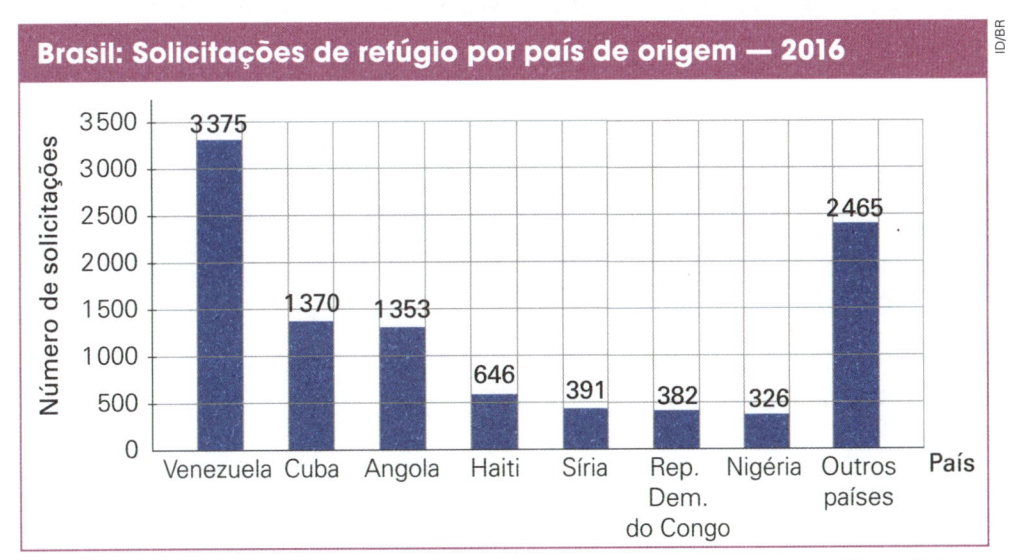

Brasil: Solicitações de refúgio por país de origem — 2016

- Venezuela: 3 375
- Cuba: 1 370
- Angola: 1 353
- Haiti: 646
- Síria: 391
- Rep. Dem. do Congo: 382
- Nigéria: 326
- Outros países: 2 465

Fonte de pesquisa: Secretaria Nacional de Justiça. Refúgio em números. Disponível em: <http://www.justica.gov.br/noticias/brasil-tem-aumento-de-12-no-numero-de-refugiados-em-2016/20062017_refugio-em-numeros-2010-2016.pdf>. Acesso em: 19 jan. 2018.

a. Em 2016, quais foram os três países com mais solicitações de refúgio ao Brasil?

b. O que torna uma pessoa um refugiado?

Vamos ler imagens!

Representações de linhas ferroviárias

A rede de linhas e estações de metrô ou trem urbano é comumente representada de modo simplificado nas estações para facilitar a orientação e a escolha do trajeto dos passageiros. O grafo é um tipo de representação em que se usam fios ligados a pontos para mostrar a conexão entre eles. Isso facilita a leitura quando a rede de transportes conta com mais linhas, por exemplo.

Observe abaixo o grafo da linha de trens urbanos de Maceió, AL. Perceba que o trajeto foi representado em linha reta e que as estações são pontos que apresentam a mesma distância entre si.

Grafo representando a linha de trens de Maceió e municípios vizinhos

Estações: Maceió, Mercado, Bom Parto, Mutange, Bebedouro, Sururu de Capote, Goiabeira, Fernão Velho, ABC, Rio Novo, Satuba, Utinga, Gustavo Paiva, Rio Largo, Lourenço Albuquerque.

Fonte de pesquisa: Companhia Brasileira de Trens Urbanos (CBTU). Disponível em: <http://www.cbtu.gov.br/index.php/pt/sistemas-cbtu/maceio>. Acesso em: 27 set. 2017.

Uma das características dos grafos é não representar as distâncias reais entre as estações nem os traçados reais das linhas férreas que as ligam.

Agora, observe no mapa ao lado como é a linha real de trens urbanos que liga Maceió aos municípios vizinhos.

Maceió e municípios vizinhos: Sistema de trens urbanos — 2011

Legenda:
- Estação em operação
- Linha em operação
- Limite de município

Fonte de pesquisa: Companhia Brasileira de Trens Urbanos (CBTU). Disponível em: <http://www.cbtu.gov.br/index.php/pt/sistemas-cbtu/maceio>. Acesso em: 27 set. 2017.

Agora é a sua vez

1 Com base nas representações da página anterior, junte-se a um colega para responder às questões abaixo.

a. Complete a tabela abaixo apontando diferenças entre as representações da linha de trem e suas estações em um grafo e em um mapa.

Grafo		Mapa	
Distância entre as estações:		Distância entre as estações:	
Linha:		Linhas:	
Estações:		Estações:	

b. Todos os dias, Bruno embarca na estação Fernão Velho, perto de casa, e desembarca na estação Gustavo Paiva, onde fica sua escola. Depois da aula, ele embarca no trem de volta para casa. O deslocamento diário de Bruno caracteriza que tipo de movimento populacional? Explique.

_____

_____

2 Observe o mapa do sistema de trens urbanos de Belo Horizonte, MG, que abrange também Contagem, um município vizinho.

- Em uma folha avulsa, elabore um grafo representando essa linha de trem e suas estações.

Belo Horizonte e Contagem: Sistema de trens urbanos — 2014

43°57'O
Vilarinho
Floramar
Waldomiro Lobo
Primeiro de Maio
São Gabriel
Minas Shopping
José Cândido da Silveira
19°53'S
Santa Inês
Horto Florestal
Lagoinha
Santa Tereza
Carlos Prates
Gameleira
Calafate Central
Vila Oeste Santa Efigênia
Cidade Industrial
Eldorado

Ribeirão das Neves
Lagoa da Pampulha
Contagem
Belo Horizonte
Sabará

0 2,8 km

Legenda
- Estação em operação
- Linha em operação
- Limite de município

Fonte de pesquisa: Companhia Brasileira de Trens Urbanos (CBTU). Disponível em: <http://www.cbtu.gov.br/index.php/pt/sistemas-cbtu/belo-horizonte>. Acesso em: 27 set. 2017.

Aprender sempre

1 Observe atentamente as construções representadas nas fotos a seguir. Depois, responda às questões propostas.

A Foto de portal da cidade de Pomerode, SC, 2017.

B Foto de casarão colonial na cidade de São Luís, MA, 2016.

C Foto de templo budista em Foz do Iguaçu, PR, 2016.

a. Essas construções mostram influências de quais povos estrangeiros no Brasil?

b. Por que é possível dizer que a chegada de migrantes, estrangeiros ou não, contribuem para a riqueza cultural de um lugar?

2 Roberto nasceu em Recife, PE, onde viveu até os 18 anos de idade. Ele prestou vestibular e ingressou em uma universidade em Fortaleza, CE. Depois de formado, mudou-se para Goiânia, GO, onde iniciou sua carreira profissional e vive até hoje.

- Classifique em inter-regional ou intrarregional as migrações realizadas por Roberto. Justifique sua resposta.

3 Reúna-se com alguns colegas para refletir sobre a seguinte questão: Como a migração em excesso e sem controle a um país ou a uma cidade pode afetar as condições de infraestrutura desse lugar, como transporte, moradia, serviços de saúde e escolas? Depois, registrem as conclusões a que chegaram.

4 Observe o quadro abaixo. Em seguida, responda às questões.

Brasil: Perfil dos solicitantes de refúgio, a cada grupo de 100 pessoas — 2016

Solicitantes por faixa etária

- De 0 a 12 anos: 9 pessoas, a cada 100 pessoas
- De 13 a 17 anos: 2 pessoas, a cada 100 pessoas
- De 18 a 29 anos: 41 pessoas, a cada 100 pessoas
- De 30 a 59 anos: 47 pessoas, a cada 100 pessoas
- Maior de 60 anos: 1 pessoa, a cada 100 pessoas

Solicitantes por gênero

pessoas do sexo feminino, a cada 100 pessoas: 32

pessoas do sexo masculino, a cada 100 pessoas: 68

Fonte de pesquisa: Secretaria Nacional de Justiça. Refúgio em números. Disponível em: <http://www.justica.gov.br/noticias/brasil-tem-aumento-de-12-no-numero-de-refugiados-em-2016/20062017_refugio-em-numeros-2010-2016.pdf>. Acesso em: 27 set. 2017.

a. Em 2016, houve maior solicitação de refúgio feita por homens ou por mulheres? Qual era a faixa etária da maioria dos solicitantes de refúgio?

_____

b. Os refugiados se encontram nessa situação por escolha própria? Explique.

_____

5 Leia o texto a seguir. Depois, responda às questões.

Saber Ser

> Como todo causo brasileiro que se preze, o nosso também começa com uma partida de futebol. Era julho de 2014. Um pálido sol invernal iluminava o gramado da quadra que mais tarde receberia centenas de pessoas dos quatro cantos do mundo. Nesse cenário, a plataforma social Atados realizou a 1ª Copa do Mundo dos Refugiados e a iniciativa nos abriu os olhos para outra realidade: precisávamos de um projeto mais duradouro [...]. Assim surge o Abraço Cultural, uma organização não governamental, que tem por objetivo promover a troca de experiências, a geração de renda e a valorização dos refugiados. Através de nossas aulas [...] queremos transmitir muito mais do que o aprendizado de uma nova língua: queremos quebrar preconceitos e barreiras culturais, aproximando diferentes povos em um único lugar.

Abraço Cultural. Disponível em: <http://abracocultural.com.br/sobre-o-abraco>. Acesso em: 9 nov. 2017.

a. Com qual objetivo essa organização não governamental foi criada?

_____

b. Discuta com a turma a importância de iniciativas como essa para integrar os refugiados à nova sociedade em que vão reconstruir suas vidas.

CAPÍTULO 5

As cidades brasileiras

O Brasil tem cidades espalhadas por todo o território, e elas não são iguais. Algumas delas são muito grandes e apresentam milhões de habitantes, e há também cidades bem pequenas, geralmente na área rural. As cidades grandes apresentam edifícios com muitos andares, que, em geral, não são encontrados nas cidades menores.

Sinop, MT, é uma cidade de porte médio, com população estimada de 135 874 habitantes em 2017, segundo o IBGE. Foto de 2016.

Belo Horizonte, MG, é a capital de Minas Gerais e uma das cidades mais urbanizadas do Brasil. Foto de 2016.

Curitiba, PR, é um grande centro urbano e uma das cidades mais arborizadas do país. Foto de 2016.

Gurupi, TO, é uma cidade pequena, com menos de 100 mil habitantes e com boa infraestrutura para a população. Foto de 2014.

▶ O que as paisagens mostradas nas fotos têm em comum?

▶ Agora, descreva os locais mostrados, apontando diferenças entre eles. Aproveite também as informações das legendas.

▶ O lugar onde você mora é parecido com alguma dessas paisagens? Por quê?

Formação das cidades brasileiras

As primeiras cidades brasileiras surgiram no período colonial, com a fundação de vilas e pequenos povoados.

Como a ocupação do território pelos portugueses se iniciou pelo litoral, os primeiros **povoados** e **vilas** foram fundados ao longo da costa brasileira. Esses locais eram fundamentais para a administração do comércio com a metrópole portuguesa, por causa da exploração e da exportação do **pau-brasil** e da **cana-de-açúcar**, e para a proteção do território.

Alguns centros urbanos fundados na costa brasileira, nas primeiras décadas da colonização, hoje correspondem a importantes cidades, como Salvador (BA), Vitória (ES), Rio de Janeiro (RJ) e Santos (SP).

Porto de Santos e de São Vicente em 1615, segundo uma gravura que faz parte do roteiro do almirante holandês Joris van Spilberg.

À medida que os colonizadores foram ocupando o território em direção ao interior, diferentes cidades foram sendo fundadas, muitas assumindo papel importante na organização da vida social e econômica do país.

1 Em que parte do território brasileiro surgiram as primeiras aglomerações urbanas? Por quê?

Crescimento urbano

O crescimento das cidades no Brasil tem grande relação com o desenvolvimento de **atividades econômicas**.

Como você já viu, no início da colonização, a exploração do pau-brasil e da cana-de-açúcar incentivou o crescimento urbano no litoral.

No fim do século 17 e ao longo do século 18, a descoberta do **ouro** levou à fundação de cidades em regiões dos atuais estados de Minas Gerais, Goiás e Mato Grosso. Ouro Preto (MG), Sabará (MG), Goiás (GO) e Cuiabá (MT) são exemplos de cidades fundadas nesse período. A exploração do ouro, portanto, contribuiu para a ocupação do interior do território.

Ainda hoje, diversas cidades fundadas no auge da exploração do ouro no Brasil apresentam traços que remetem a esse período. Na foto, de 2015, é possível perceber a arquitetura de estilo colonial em São João del Rei, MG.

A estação da Luz, no centro da cidade de São Paulo, existe desde 1867. Ela funcionava como eixo de ligação entre as fazendas de café do vale do Paraíba, a capital paulista e o porto de Santos, que servia às importações e exportações brasileiras. Ainda é uma das principais ligações na estrutura de transporte ferroviário compartilhada por São Paulo e cidades vizinhas. Nas fotos, estação da Luz nos anos 1910, à esquerda, e em 2016, à direita.

A exploração da **borracha**, no Norte do país, no fim do século 19 e início do século 20, também foi fundamental para a ocupação e a expansão de cidades como Belém (PA) e Manaus (AM). Nesse período, o cultivo do **café** foi muito importante para o desenvolvimento de cidades no Sudeste, principalmente no vale do Paraíba, região entre os municípios de São Paulo e Rio de Janeiro.

Em meados do século 20, com a **industrialização** do país, as cidades foram crescendo devido à atração populacional que exerciam. Isso ocorreu primeiramente no Sudeste, em razão do desenvolvimento cafeeiro, mas depois a industrialização expandiu-se pelo país, incentivando o crescimento de cidades de outras regiões.

As funções das cidades

Muitas das cidades que se formaram com base no desenvolvimento de atividades econômicas em diferentes momentos, ainda hoje, mantêm as funções que motivaram sua fundação.

A cidade de Santos, por exemplo, ainda tem suas principais atividades econômicas dependentes do papel desempenhado pelo porto. Atualmente, o porto de Santos é o que apresenta maior diversidade de importações e exportações do Brasil, movimentando produtos das indústrias mecânica, química, de alimentos e bebidas, entre outras. Também são importantes **cidades portuárias** brasileiras: Itajaí (SC), Paranaguá (PR) e Vitória (ES).

O Brasil tem também inúmeras **cidades turísticas**, seja pela importância histórica, seja pelas características naturais. Nelas, o turismo é uma das principais fontes de renda. São exemplos: Rio de Janeiro (RJ), Bonito (MS), Lençóis (BA), Parintins (AM), Gramado (RS), entre outras cidades.

Existem ainda as **cidades industriais**. Como o nome sugere, a indústria exerce importante papel na economia dessas cidades. São exemplos: Camaçari (BA), Cubatão (SP) e Volta Redonda (RJ).

Algumas cidades têm mais de uma função. Aparecida do Norte (SP), Trindade (GO) e Juazeiro do Norte (CE), por exemplo, atraem muitos visitantes devido às funções religiosa e turística. Foto de Juazeiro do Norte, 2015.

1 A cidade que atrai frequentemente grande número de pessoas para conhecer suas belezas naturais é considerada uma cidade:

☐ industrial.   ☐ portuária.   ☐ turística.

Relações entre as cidades e relações da cidade com o campo

As cidades e seus moradores se relacionam e se influenciam a todo momento. Uma mercadoria pode ser produzida em uma cidade e ser comercializada em outra. Uma pessoa pode viver em uma cidade e trabalhar em outra. Situações como essas interligam as cidades, formando a chamada **rede urbana**.

É comum que haja uma cidade maior e economicamente importante que influencie as cidades vizinhas. Essa cidade maior pode compartilhar com as demais, por exemplo, serviços de transporte e redes de distribuição de água. Devido à sua importância perante as outras, ela é chamada de **metrópole**. A área que abrange essa cidade e suas vizinhas é chamada de **região metropolitana**.

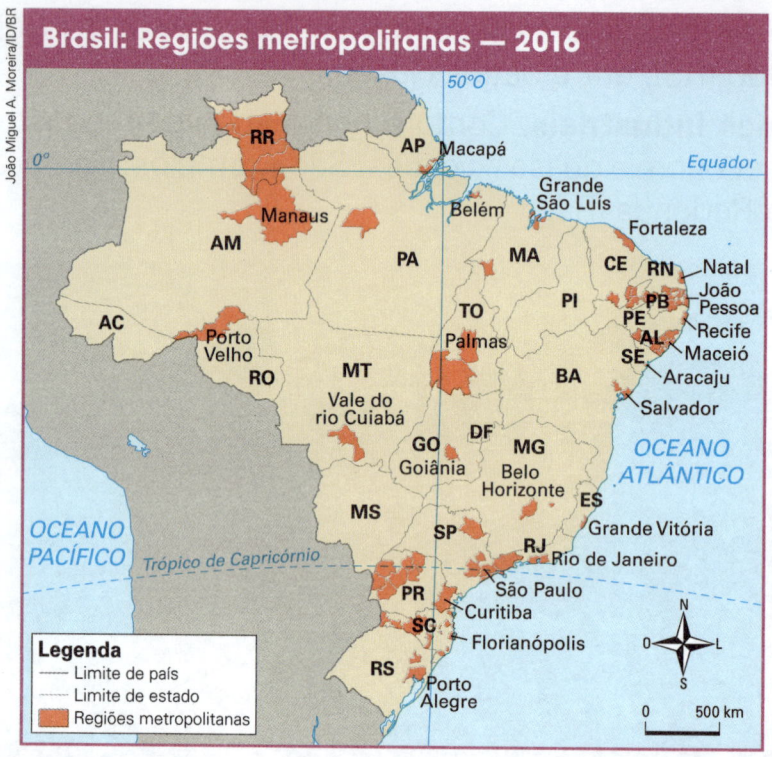

Brasil: Regiões metropolitanas — 2016

Fontes de pesquisa: Diários Oficiais Estaduais. Ministério Público Federal. Procuradoria Geral da República. Disponível em: <http://cobip.pgr.mpf.mp.br/copy_of_diarios/diarios-oficiais-estaduais>; IBGE. *Atlas geográfico escolar*. Disponível em: <https://atlasescolar.ibge.gov.br/images/atlas/mapas_brasil/brasil_regioes_metropolitanas.pdf>. Acessos em: 3 dez. 2017.

As cidades não se relacionam apenas umas com as outras. O campo também é muito importante para as cidades e vice-versa. As indústrias das áreas urbanas podem produzir, por exemplo, tratores, adubos e rações para o gado, que são muito utilizados nas áreas rurais, e muito do que é produzido no campo, como frutas, verduras e carnes, é comercializado nas cidades.

É muito comum, também, haver pessoas que vivem no campo, mas se deslocam todos os dias em direção às cidades para trabalhar, estudar e realizar outras atividades. Além disso, o turismo rural atrai habitantes das cidades.

1 Em sua opinião, por que é importante que municípios e estados ajam de maneira integrada na administração de uma região metropolitana?

Representações

Hierarquia urbana

É possível estabelecer uma relação de **ordem** entre as cidades. Quanto maior a capacidade de influência política e econômica de uma cidade no território, mais alta é sua **posição hierárquica** na rede urbana.

Observe abaixo um mapa sobre esse tema, com base em dados do IBGE. O instituto levou em conta os fluxos de bens, informações e serviços existentes entre as cidades em níveis local, regional e nacional.

Brasil: Hierarquia urbana — 2010

Legenda
Hierarquia dos centros urbanos
- Grande metrópole nacional
- Metrópole nacional
- Metrópole
- Capital regional
- Limite de estado
- Limite de país

Fonte de pesquisa: IBGE. *Arranjos populacionais e concentrações urbanas do Brasil*. 2. ed. Rio de Janeiro: IBGE, 2016. Disponível em: <https://ww2.ibge.gov.br/apps/arranjos_populacionais/2015/pdf/publicacao.pdf>. Acesso em: 29 set. 2017.

Perceba a existência de quatro categorias principais de cidades: grande metrópole nacional, metrópole nacional, metrópole e capital regional. Elas foram representadas por pequenos círculos, diferenciados por uma gradação de cores (do amarelo-claro ao vermelho-escuro). Quanto maior a posição hierárquica da cidade, mais escura é a cor do círculo.

1 De acordo com o mapa, cite uma cidade de cada tipo de categoria.

2 Por que não é possível classificar todas as metrópoles em uma categoria única?

Meio urbano: transformações constantes

Ao longo do tempo, as cidades, tanto no Brasil quanto no resto do mundo, podem passar por grandes transformações. Por exemplo, cidades com importante desenvolvimento industrial passam a se especializar também na oferta comercial e de serviços. É o caso de muitas capitais brasileiras, entre elas, Goiânia (GO), Manaus (AM), Porto Alegre (RS), Recife (PE) e São Paulo (SP).

A expansão das cidades resulta também em mudanças estruturais, econômicas e sociais. Se, por um lado, o crescimento traz maior oferta de empregos e de serviços em áreas como saúde, lazer e educação, por outro, é comum as cidades não conseguirem atender às necessidades de seus habitantes como deveriam.

Rio das Ostras, RJ, foi uma das cidades em que a população mais cresceu no Brasil nas últimas décadas, passando de cerca de 42 mil habitantes, em 2003, para pouco mais de 122 mil, em 2013, segundo o IBGE. Esse crescimento está ligado à ampliação das atividades relacionadas à exploração do petróleo, o que atraiu muitas pessoas em busca de trabalho. Foto de 2017.

O crescimento populacional de algumas cidades resulta, por exemplo, em problemas como a falta de moradias adequadas e o surgimento de favelas. Ao mesmo tempo, tornam-se mais comuns problemas como a violência urbana e a pobreza. Cidades brasileiras, como Natal (RN), Belém (PA), Cuiabá (MT), Vitória (ES) e Curitiba (PR), estavam entre as mais violentas do mundo em 2016, segundo a ONG mexicana Conselho Cidadão para Segurança Pública e Justiça Penal.

Sem planejamento público adequado, muitas pessoas vão viver em áreas com carência de serviços públicos essenciais (coleta de lixo, rede de esgoto, rede de água, energia elétrica e iluminação pública). Na foto, favela em Florianópolis, SC, em 2016.

1 Em sua opinião, o crescimento das cidades é algo positivo ou é algo negativo? Por quê?

Qualidade de vida e participação social

Os cidadãos têm importante papel de fiscalização nos assuntos que se relacionam à comunidade onde vivem, seja no meio urbano, seja no meio rural. Devemos acompanhar a atuação dos governantes e cobrar para que eles exerçam corretamente as funções para as quais foram eleitos. Dessa forma, podemos contribuir para melhorar a qualidade de vida dos lugares.

Alguns **canais de participação social** comuns são as associações de moradores de bairro e os conselhos de saúde e de segurança. Neles, os cidadãos se reúnem para discutir e fiscalizar ações das autoridades.

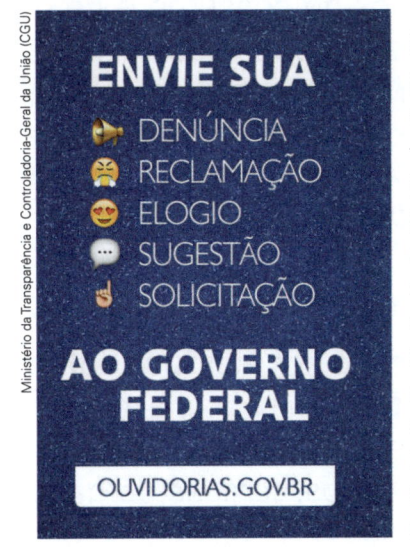

ENVIE SUA
- DENÚNCIA
- RECLAMAÇÃO
- ELOGIO
- SUGESTÃO
- SOLICITAÇÃO

AO GOVERNO FEDERAL

OUVIDORIAS.GOV.BR

Ministério da Transparência e Controladoria-Geral da União (CGU)

Outra forma de participação social é feita pelo contato – geralmente por telefone ou por e-mail – com as ouvidorias de órgãos públicos. As ouvidorias são canais de comunicação que recebem sugestões, reclamações e elogios sobre os serviços prestados.

A atuação dos órgãos públicos

Os órgãos públicos são essenciais para atender às diversas demandas da população. O **Ministério Público** (MP), por exemplo, defende as leis e os interesses da sociedade e é um órgão autônomo que fiscaliza a atividade do poder público.

Existe também uma instituição chamada **Tribunal de Contas**, que fiscaliza os gastos públicos da União, dos estados, do Distrito Federal e dos municípios. Esse órgão fiscaliza o uso do dinheiro público, arrecadado de impostos. Se alguma irregularidade for encontrada, esse órgão impõe medidas de correção.

Há os MPs dos estados e o MP federal, assim como há os Tribunais de Contas Estaduais e o Tribunal de Contas da União (TCU).

Outros importantes órgãos públicos são o Instituto Nacional de Colonização e Reforma Agrária (**Incra**), responsável, entre outras coisas, pela reforma agrária, e o Instituto Brasileiro do Meio Ambiente e dos Recursos Naturais Renováveis (**Ibama**), que deve atuar para preservar o meio ambiente.

1 Leia o texto. Depois, converse com os colegas para responder à questão.

> Todas as pessoas têm direito de acesso à Justiça. Um dos órgãos que garante esse direito é a Defensoria Pública. O defensor público dá assistência jurídica gratuita às pessoas que não podem pagar um advogado.

Texto para fins didáticos.

■ Em sua opinião, a Defensoria Pública é importante? Por quê?

Cidade e meio ambiente

Nas cidades, a concentração de pessoas, de veículos e de atividades econômicas gera enormes quantidades de **resíduos** sólidos, líquidos e gasosos. Os níveis elevados de consumo e de desperdício também contribuem para a produção excessiva de resíduos. De maneira geral, quanto maior o nível de urbanização, maior a produção de resíduos. Isso afeta negativamente a qualidade do meio ambiente e, consequentemente, a qualidade de vida das pessoas.

Resíduo: resto de material descartado de alguma atividade, como o lixo produzido nas residências, no comércio e nas indústrias.

O lixo e outros problemas ambientais

O lixo é formado por **resíduos sólidos**. O que as pessoas descartam diariamente no comércio, nos hospitais, nas indústrias, nas moradias e nas construções em geral resulta em toneladas de lixo. O problema é que muitos desses resíduos, como vidros, tampas de garrafa, embalagens plásticas e pneus, podem levar centenas de anos para se decompor na natureza.

O descarte inadequado do lixo prejudica a qualidade ambiental. Muitas vezes, o lixo é descartado em rios e em outros cursos de água, poluindo as águas e tornando-as impróprias tanto para o banho como para o consumo. Já o lixo jogado nas ruas entope os bueiros, aumentando o risco de enchentes, que podem causar doenças e grandes estragos materiais.

As prefeituras são responsáveis pela coleta e pelo destino do lixo e, por isso, devem cuidar para que ele não traga problemas à população e ao meio ambiente. Contudo, isso nem sempre acontece. Quase metade do lixo produzido nas grandes cidades brasileiras é levada para lixões a céu aberto, que deveriam ter sido extintos até 2014, segundo a lei brasileira. Na foto, lixão em Itaberaba, BA, em 2014.

Nas cidades, também é produzida enorme quantidade de **resíduos líquidos** poluentes, como esgoto e **efluentes** industriais. No Brasil, grande parte desses resíduos não recebe tratamento antes de ser lançada em rios, represas ou no mar, poluindo as águas.

Efluentes: resíduos resultantes, por exemplo, de atividades industriais.

Outro grave problema encontrado nos grandes centros urbanos brasileiros é a emissão constante de gases poluentes, os **resíduos gasosos**, especialmente por veículos e indústrias. Esses resíduos tornam a qualidade do ar ruim, prejudicando a saúde dos habitantes.

Caminhão emite poluentes no município de São Paulo. Foto de 2016.

Saneamento básico

Um dos principais problemas ambientais urbanos é a falta de **saneamento básico**, que atinge grande parte da população, principalmente a mais pobre.

De modo geral, a oferta de serviços como água tratada, coleta de lixo e tratamento de esgoto é insuficiente em áreas periféricas das cidades, principalmente as das grandes cidades.

A disponibilidade de saneamento básico afeta diretamente a saúde e as condições de vida da população. Além de causar riscos à saúde humana, a poluição de rios e lagos impossibilita, por exemplo, que eles sejam utilizados pela população como locais de recreação e prática de esportes.

O esgoto que não é coletado e tratado tem como destino ruas, córregos e rios do seu entorno. Como consequência, ele acaba contaminando as águas superficiais e subterrâneas, além de provocar doenças. Na foto, curso de água poluído por esgoto e lixo na cidade de Osasco, SP, 2015.

1 Como a disponibilidade de saneamento básico pode afetar a qualidade de vida da população? Converse com os colegas.

Vamos ler imagens!

Imagens de satélite

As imagens de satélite são produzidas pelos satélites que orbitam a Terra. Diferentemente das fotografias aéreas, que são feitas com máquinas fotográficas acopladas a aviões, as imagens de satélite são elaboradas de forma mais complexa e podem retratar áreas maiores. Primeiro, sensores de satélites captam a energia do Sol refletida pela superfície da Terra. Os sensores, então, transformam essa energia em sinais elétricos, que são enviados a estações de recepção na Terra. Esses sinais dão origem às imagens de satélite.

Elas permitem visualizar, por exemplo, a ocorrência de desmatamentos e queimadas, a evolução da urbanização, o crescimento ou a diminuição de áreas de plantio, etc.

Observe, abaixo, três imagens de satélite de parte do município de Parauapebas, PA. Elas mostram transformações na paisagem, que refletem o acelerado processo de urbanização do município no período de duas décadas, entre 1996 e 2016.

Na imagem, a área urbana do município de Parauapebas, PA, em 1996. Em amarelo, destaque para a área urbanizada em meio a diversas áreas sem urbanização significativa.

Em 2006, a área urbana de Parauapebas já ocupava a maioria das áreas que não apresentavam urbanização significativa até 1996.

Na imagem de 2016, a mancha urbana de Parauapebas ocupava diversas áreas além daquelas ocupadas em 2006. Observe o destaque em amarelo. Em vinte anos, Parauapebas apresentou grande expansão de sua área urbana.

Agora é a sua vez

1 Sobre as imagens de satélite do município de Parauapebas, responda:

   a. Que mudanças é possível observar na paisagem de 1996 a 2016?

   b. Quando a área urbana retratada cresceu mais: de 1996 a 2006 ou de 2006 a 2016? Justifique sua resposta.

2 Observe estas imagens de satélite que mostram a área de um município em dois períodos diferentes.

Área do município de Rio Verde, GO, 1996.

Mesma área do município de Rio Verde, em 2016.

   a. Quais são as datas dessas imagens de satélite?

   _____

   b. Que transformações da paisagem mais chamaram sua atenção? Elabore hipóteses para explicar por que isso pode ter acontecido.

Aprender sempre

1 Leia o texto e observe a imagem abaixo para responder à questão.

> O grafite é uma expressão artística com papel importante na transformação da paisagem urbana e na manifestação cultural dos jovens da periferia.
>
> Por meio de letras e desenhos feitos geralmente com aerossol, os grafites refletem, em paredes e muros, a apropriação e a valorização do espaço público por parte da população. Em muitos casos, o grafite chama a atenção da sociedade para lugares esquecidos pelo poder público.

Grafites no Museu Aberto de Arte Urbana em Esteio, RS. Foto de 2017.

Texto para fins didáticos.

■ Em sua opinião, os grafites são intervenções positivas ou negativas nas paisagens urbanas? Explique.

2 Observe a representação gráfica abaixo, que mostra um esquema simplificado da hierarquia urbana. Depois, responda às questões.

a. Que tipo de cidade tem maior influência sobre outras cidades?

b. Que tipo de cidade tem maior grau de dependência em relação às demais?

c. O que torna uma cidade mais influente do que as outras?

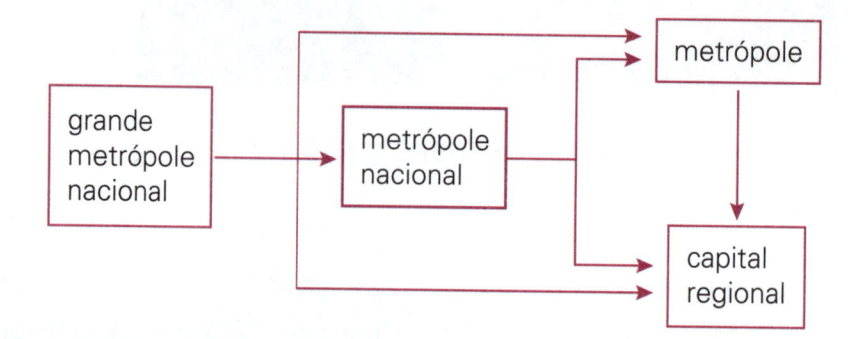

grande metrópole nacional → metrópole nacional → metrópole → capital regional

3 Leia o texto e responda às questões a seguir.

> Ser cidadão é, também, conhecer nossos direitos e cumprir nossos deveres. Para isso, as leis podem ajudar muito! Elas são as regras do jogo e existem para garantir que a democracia e os direitos de todos sejam respeitados. Ao obedecer às leis, contribuímos para um mundo mais justo para todos.
>
> O MPF [Ministério Público Federal] tem a função de proteger as leis federais. Qualquer pessoa que age contra o interesse público pode ser alvo de denúncias e ações do Ministério Público Federal, até os governantes!

Para que servem as leis. Turminha do MPF. Ministério Público Federal. Disponível em: <http://www.turminha.mpf.mp.br/as-leis/>. Acesso em: 6 jul. 2017.

a. Como as leis podem nos ajudar como cidadãos?

b. Por que o texto cita os governantes como possíveis alvos de denúncias do Ministério Público Federal?

4 Para que servem as imagens de satélite?

_____
_____
_____

5 Converse com os colegas para eleger um problema ambiental que afeta a região onde está a escola em que vocês estudam. Sigam o roteiro abaixo.

- Com o professor, planejem uma visita ao local atingido. Levantem informações sobre os principais problemas desse local: rio poluído, área com lixo a céu aberto e com risco de haver água parada (facilitando a proliferação de mosquito transmissor de doenças), água imprópria para uso, mau cheiro, despejo irregular de efluentes industriais, etc.

- Depois contatem, pessoalmente ou por meio eletrônico, o órgão responsável pelas questões ambientais do município ou do estado onde está localizada a escola em que vocês estudam. Relatem o(s) problema(s), proponham medidas e soluções e solicitem alguma ação desse órgão.

- Para finalizar, cada aluno deverá escrever um texto que contenha a resposta à seguinte questão: Como a mobilização das pessoas pode ajudar a encontrar soluções para os problemas da comunidade?

CAPÍTULO 6
Produção e trabalho no Brasil

Ao longo da história, as atividades de trabalho se desenvolveram de diversas maneiras, tanto no meio rural quanto no meio urbano.

A pintura abaixo, da artista brasileira Tarsila do Amaral, retrata o início da industrialização no Brasil, período em que as fábricas concentravam grande parte dos empregos nas cidades. Observe atentamente a obra.

Tarsila do Amaral. *Operários*, 1933. Óleo sobre tela.

▷ O que é possível dizer sobre as pessoas retratadas nessa obra?

▷ Em sua opinião, atualmente a indústria brasileira ainda concentra tantos empregos quanto no passado? Por quê?

▷ Quais trabalhos você conhece?

▷ Eles se relacionam a quais atividades econômicas (indústria, comércio, agricultura, etc.)?

O trabalho no Brasil

A história do trabalho no Brasil é marcada pelo longo período de escravidão e pela inserção da mão de obra imigrante para o trabalho nas fazendas de café e na indústria no início do século 20.

O trabalho escravo predominou do início da colonização portuguesa até 1888, quando foi abolido. A população escravizada (negros africanos e indígenas) não recebia pagamento nem tinha qualquer direito. O longo período da escravidão no Brasil atrasou o desenvolvimento político, social e econômico do país com reflexos até hoje na sociedade.

O trabalho livre também ocorria, em menor proporção, desde a colonização, em diversas funções na lavoura e na mineração, por exemplo. Ele passa a ser regulamentado no final do século 19, no contexto de incentivo à imigração europeia. Ao longo do século 20, com o desenvolvimento industrial, as atividades de trabalho nas cidades se desenvolveram com maior intensidade, e vários direitos trabalhistas foram conquistados.

Na foto, imigrantes italianos trabalham em lavoura de café. Araraquara, SP, 1902.

Tipos de trabalho

De modo geral, as diversas atividades de trabalho podem ser organizadas em formais e informais. O **trabalho formal** é aquele legalizado perante o poder público. Nesse tipo de trabalho, há pagamento de impostos e taxas e os direitos trabalhistas estão garantidos ao empregado, como salário, férias e licença-maternidade.

Na década de 1940, no governo de Getúlio Vargas, com o crescimento da atividade industrial, as leis que garantiam direitos trabalhistas foram organizadas na Consolidação das Leis do Trabalho (CLT), de 1943, que resultou na criação da carteira de trabalho. Assim, a pessoa empregada, com base na assinatura da carteira de trabalho, passava a ser considerada um trabalhador formal, realizando determinada jornada de trabalho e recebendo um salário.

As pessoas podem ser contratadas e trabalhar em empresas, públicas ou privadas. Há também aqueles que exercem atividades econômicas por conta própria. São os **trabalhadores autônomos**. Advogados, feirantes, médicos e pedreiros são exemplos de profissionais que costumam trabalhar como autônomos.

As atividades em que não há vínculo com um empregador, nem salário fixo ou garantia dos direitos trabalhistas são consideradas atividades **informais**. Muitas pessoas trabalham nessas condições devido à dificuldade de encontrar emprego com carteira assinada, inclusive muitos trabalhadores autônomos. São considerados informais os trabalhadores autônomos que não pagam impostos regulamentados por lei.

No meio rural brasileiro, grande parte das atividades é realizada informalmente. Por exemplo, são comuns os acordos verbais para o trabalho da colheita em determinada época do ano. Depois, os trabalhadores são dispensados.

O **trabalho doméstico** geralmente é realizado de maneira informal, como é o caso de diaristas. Porém, também pode ser realizado formalmente, com pagamento de salário e garantia de direitos.

Realizado em milhões de lares brasileiros, o trabalho doméstico é um dos fatores da dupla jornada, condição que atinge principalmente as mulheres, que historicamente foram encarregadas do cuidado com o lar. Na dupla jornada de trabalho, as pessoas exercem suas atividades de trabalho remunerado (ou seja, pago) em um período do dia e realizam as tarefas domésticas em outro.

Em épocas como o Natal, devido ao aumento do consumo, é maior a oferta de trabalho temporário e a informalidade. Na foto, consumidores circulam em rua comercial no município de São Paulo, onde há também camelôs e vendedores ambulantes. Foto de 2017.

1 O que caracteriza o trabalho informal? Converse com os colegas e o professor e, depois, registre a resposta abaixo.

_____

_____

_____

_____

Trabalho infantil

No Brasil, é proibido o trabalho infantil, aquele exercido por **crianças** e **adolescentes** com menos de 16 anos de idade.

O Estatuto da Criança e do Adolescente (ECA), criado em 1990, é uma lei cujo objetivo é garantir direitos às crianças e aos adolescentes. Segundo o Estatuto, as crianças têm **direito a brincar** e a **estudar** e não devem trabalhar.

Fazer esportes e divertir-se são direitos de todas as crianças. Na foto, crianças se divertem em parque no município de São Paulo. Foto de 2016.

Embora seja ilegal, e o poder público tenha buscado combatê-lo, o trabalho infantil ainda ocorre no território brasileiro. Em muitos casos, as crianças trabalham para o sustento da família. Isso reflete a grande desigualdade social no país.

O trabalho infantil é um problema social gravíssimo, pois prejudica o desenvolvimento das crianças.

Mais da metade das crianças que trabalham concentra-se no meio rural e dedica-se principalmente à atividade agrícola. No entanto, nas cidades também é comum ver crianças trabalhando.

Cartaz do Fórum Nacional de Prevenção e Erradicação do Trabalho Infantil (FNPETI), criado em 1994.

1 A frase a seguir é verdadeira ou é falsa? Justifique sua resposta.

> O trabalho infantil é um problema grave, exclusivo do meio rural.

Texto para fins didáticos.

_____

_____

_____

2 Por que o trabalho infantil é tão prejudicial para as crianças e os adolescentes?

Desenvolvimento tecnológico e trabalho

As técnicas são o conjunto de modos de produzir mercadorias ou de oferecer serviços. Elas passam por transformações em função das inovações e são necessárias para todos os tipos de trabalho. Nos dias de hoje, o trabalho está quase sempre associado ao constante desenvolvimento de novas técnicas.

Além do aumento no ritmo de trabalho e da substituição de parte da mão de obra humana por máquinas, o desenvolvimento tecnológico e científico propiciou o aumento da produção industrial e das trocas comerciais, fez surgir novas profissões e provocou o desaparecimento de outras, tornou ainda mais necessária a qualificação profissional e possibilitou o trabalho a distância e novas formas de organização do trabalho. Leia o texto a seguir.

> Em dois séculos, sobretudo nos últimos cinquenta anos, os progressos científicos transformaram a vida dos homens: transportes (aviões supersônicos, trem-bala...), comunicações (telefone celular, internet...), medicina (diagnóstico por imagens, genética, robótica...), vida diária (novos materiais, eletrodomésticos, congelados, novas fibras têxteis...). Todo dia há uma série de inovações, e milhões de pessoas no mundo (pesquisadores, engenheiros, técnicos) trabalham em novas invenções.
>
> Se o progresso traz mais bem-estar aos homens, o desenvolvimento das ciências e das técnicas não acontece sem riscos. Riscos para o equilíbrio da natureza; riscos para o equilíbrio das sociedades: transformando radicalmente as formas de trabalhar, o progresso pode provocar desemprego para alguns e estresse naqueles que têm trabalho e precisam agir num ritmo cada vez mais rápido.

Odile Gandon. *Para entender o mundo de hoje*: os grandes desafios de hoje e de amanhã. São Paulo: SM, 2007. p. 32.

1 O texto destaca o desenvolvimento tecnológico dos últimos cinquenta anos. Contorne no texto os exemplos que comprovam isso.

2 Converse com um colega para identificar mudanças na sociedade influenciadas pelos exemplos que você contornou no texto.

O trabalho e os setores da economia

Você já aprendeu que existem muitas atividades econômicas que envolvem diferentes tipos de trabalho. Essas atividades se dividem em três setores da economia: **primário**, **secundário** e **terciário**.

Setor primário

O **setor primário** é composto das atividades agropecuárias (agricultura e pecuária) e do extrativismo (mineral, vegetal e animal), que produzem alimentos e exploram recursos naturais para obter as matérias-primas de diversos produtos.

O trabalho nesse setor passou por grandes transformações ao longo da história. Hoje, há o uso de técnicas tanto tradicionais quanto modernas.

Na agropecuária, por exemplo, o uso de ferramentas, como pás e enxadas, e de animais para puxar arados é muito antigo, embora hoje ainda seja comum, principalmente em pequenas propriedades rurais. Nas grandes propriedades, predomina o uso de tratores e de colheitadeiras. O emprego de máquinas no trabalho rural é conhecido como **mecanização do campo** e é um dos principais fatores que causam o êxodo rural, devido à substituição de postos de trabalho por máquinas.

1 Quais mudanças nas técnicas de trabalho podem ser percebidas comparando-se as fotos **A** e **B**? E as fotos **C** e **D**?

Ordenha em Cachoeira do Arari, PA, 2015.

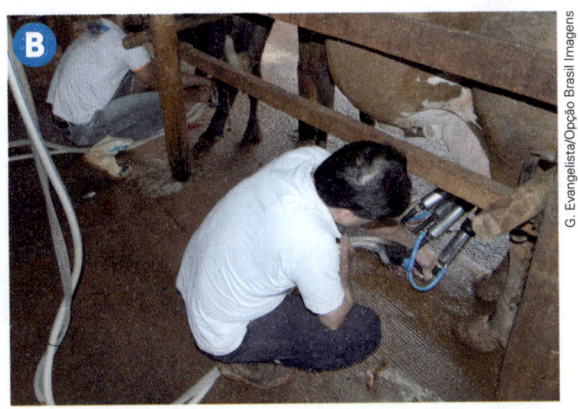

Ordenha em São Roque de Minas, MG, 2015.

Irrigação de plantação em Barra Mansa, RJ, 2016.

Irrigação de plantação em Cristalina, GO, 2015.

Os diferentes tipos de extrativismo passaram por grandes mudanças ao longo do tempo. Antigamente, a atividade extrativista era realizada manualmente. Nos dias atuais, isso ainda acontece, mas em menor proporção.

No caso do extrativismo vegetal, a coleta de castanhas e a extração do látex ainda são realizadas manualmente. No entanto, na extração da madeira, há o emprego de grandes máquinas. Se, por um lado, isso acelera o desenvolvimento econômico, por outro, esgota rapidamente os recursos naturais.

O extrativismo animal, como a pesca, é realizado tanto de modo artesanal quanto industrial. A pesca artesanal é realizada por pescadores em pequenas embarcações, que adotam técnicas tradicionais, sem grandes recursos tecnológicos. A pesca industrial, por sua vez, utiliza grandes barcos e extrai quantidades muito maiores de peixes das águas.

Pescador na praia de Santo Antônio de Lisboa, em Florianópolis, SC. Foto de 2017.

O extrativismo mineral também passou por transformações, mas ainda utiliza técnicas tradicionais para a extração de ouro e minerais diversos. Atualmente, os garimpeiros convivem com grandes máquinas e instalações que extraem da natureza petróleo, ferro, carvão, etc.

Minério de ferro pronto para expedição em São Gonçalo do Rio Abaixo, MG. Foto de 2015.

2 Por que, de maneira geral, o uso de máquinas e de tecnologias avançadas em atividades extrativistas é mais prejudicial à natureza do que a extração manual?

3 Compare as mudanças tecnológicas ocorridas no extrativismo vegetal e animal. É possível afirmar que essas atividades econômicas não são mais realizadas manualmente?

Setor secundário

O **setor secundário** compreende a geração de energia, a **construção civil** e, principalmente, a indústria. Nesse setor, a matéria-prima obtida no setor primário é transformada e utilizada para a fabricação de diversos produtos.

A indústria nasceu no século 18, na Inglaterra, na chamada **Revolução Industrial**. Diversas atividades, que antes eram realizadas apenas artesanalmente, passaram a ser executadas por máquinas em uma linha de produção.

Com o avançar dos séculos, a indústria foi se modernizando com a transformação das técnicas e das máquinas e, assim, ganhou velocidade e eficiência na fabricação de produtos.

Construção civil: segmento que reúne as atividades relacionadas à construção de obras, como casas, edifícios, pontes e estradas.

No entanto, as máquinas não executam o trabalho sem a ajuda humana. Por mais avançadas que sejam, elas necessitam de manutenção e de pessoas que as operem e controlem. Além disso, conforme o desenvolvimento tecnológico industrial evolui, cresce a necessidade de profissionais com escolaridade e especialização profissional para operar máquinas sofisticadas.

Indústria de produtos eletroeletrônicos em Manaus, AM. Foto de 2016.

4 Observe o mapa abaixo e responda às questões.

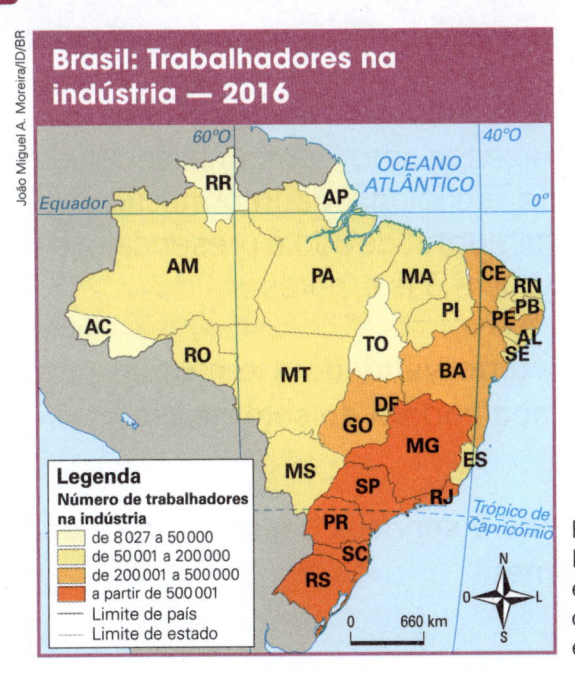

Brasil: Trabalhadores na indústria — 2016

Legenda
Número de trabalhadores na indústria
- de 8 027 a 50 000
- de 50 001 a 200 000
- de 200 001 a 500 000
- a partir de 500 001
- Limite de país
- Limite de estado

a. Em que estados há mais trabalhadores na indústria? E em quais há menos?

b. Em qual categoria está a unidade da federação em que você vive?

Fonte de pesquisa: Confederação Nacional da Indústria (CNI). Portal da Indústria. Disponível em: <http://perfilestados.portaldaindustria.com.br/ranking?cat=20&id=1479>. Acesso em: 3 dez. 2017.

5 Qual é a importância do setor primário para a indústria? Explique.

Setor terciário

O setor terciário constitui-se do **comércio** e da **prestação de serviços**. Atualmente, é o maior setor da economia brasileira e concentra a maioria dos trabalhadores do país. Ele representa a última etapa do processo produtivo, ou seja, o que é produzido nos setores primário e secundário chega aos consumidores pelo comércio, setor responsável pela venda das mercadorias.

Até poucos anos atrás, as vendas eram realizadas quando o consumidor se dirigia até a loja e comprava pessoalmente o que desejava. Hoje, é muito comum a compra de produtos pela internet. Esse ramo de negócios é conhecido como **comércio eletrônico**.

O setor de prestação de serviços é muito abrangente, com atividades ligadas à educação, à saúde, às atividades bancárias, ao turismo, à comunicação e a muitas outras áreas. Atuam no setor de serviços profissionais como taxistas, advogados, médicos, professores, etc.

Antes de chegar ao consumidor final, as mercadorias precisam ser transportadas e distribuídas às redes de comércio. As redes de transporte e de distribuição também fazem parte do setor terciário da economia. Caminhões trafegam por rodovia em São José dos Campos, SP. Foto de 2017.

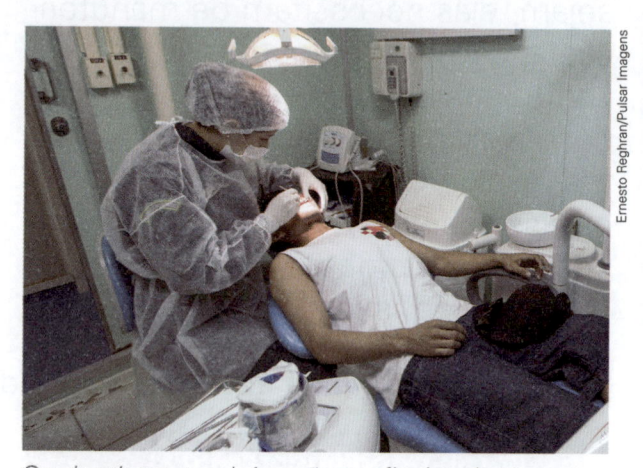

Os dentistas também são profissionais do setor terciário. Itacoatiara, AM. Foto de 2015.

Com o desenvolvimento da tecnologia, esse setor tem ampliado cada vez mais sua área de atuação. Os serviços de Tecnologia da Informação (TI), por exemplo, têm sido muito requisitados atualmente, devido à presença cada vez maior da informática no dia a dia das pessoas e das empresas.

6 Por que uma pessoa que trabalha como vendedora em uma loja de roupas é considerada uma trabalhadora do setor terciário? Explique.

7 Por qual mudança o comércio de bens e serviços passou com o desenvolvimento da informática e da internet?

A importância da energia

As fontes de energia são essenciais para o funcionamento de máquinas e equipamentos utilizados nas atividades econômicas e no cotidiano da população.

No Brasil, a energia é produzida principalmente por fontes como o **petróleo**, a **água** (usinas hidrelétricas transformam a força das águas em eletricidade), o **gás natural** e o etanol, **biocombustível** gerado da cana-de-açúcar. Outras importantes fontes energéticas mundialmente utilizadas são a energia **solar** (produzida pela luz solar), a energia **eólica** (produzida pela força dos ventos), e a energia **nuclear** (produzida principalmente pelo metal chamado urânio).

Mais da metade da energia no Brasil é utilizada na indústria e no transporte. Já os usos nas residências, nas atividades agropecuárias e no setor de serviços correspondem a quase um quarto da energia consumida no país.

Hidrelétrica de Itaipu, localizada entre Brasil e Paraguai. Foz do Iguaçu, PR. Foto de 2016.

Parque eólico na praia de Caburé, em Barreirinhas, MA. Foto de 2017.

Conjunto de casas com painel solar em Santarém, PA. Foto de 2017.

1 Quais são as principais fontes de energia produzidas no Brasil?

2 Quais setores da economia consomem mais energia? Por que você acha que isso acontece?

3 No lugar onde você vive, é comum o uso de energia solar nas residências? Explique.

Aprender sempre

1 Gilberto trabalhou por 10 anos em uma fábrica de automóveis, com carteira assinada e direitos trabalhistas garantidos. Após uma crise econômica, ele foi demitido. Depois de algum tempo desempregado, foi trabalhar como feirante com seu irmão. Quais foram os tipos de trabalho que Gilberto realizou?

_____

_____

2 Pesquise em jornais e revistas, impressos ou digitais, notícias de trabalho infantil no Brasil e no mundo. Compartilhe as informações na sala de aula.

■ Dos dados levantados pela turma, em qual área da economia, no Brasil e no mundo, ainda ocorre o trabalho infantil? Quais direitos das crianças estão sendo desrespeitados, conforme o Estatuto da Criança e do Adolescente?

3 Observe o gráfico abaixo. Em seguida, responda ao que se pede.

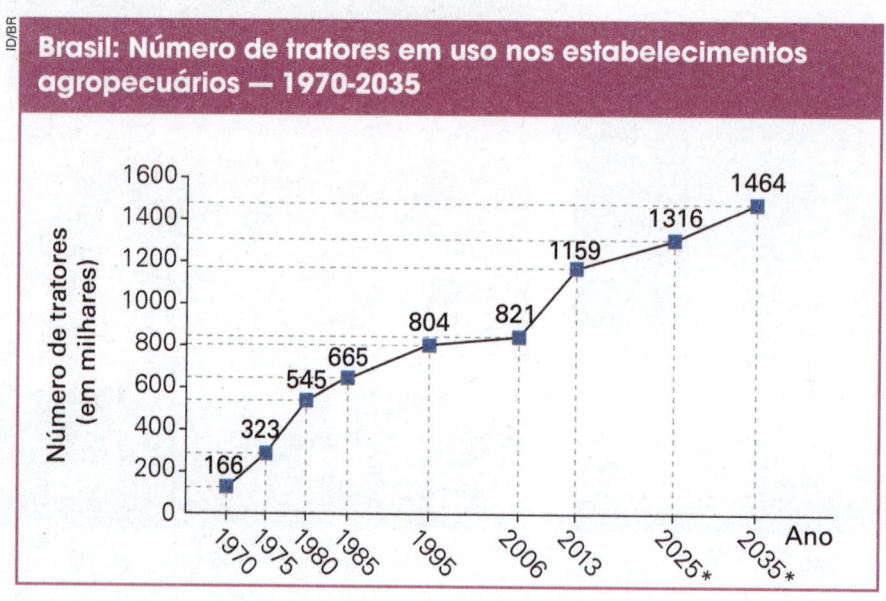

Brasil: Número de tratores em uso nos estabelecimentos agropecuários — 1970-2035

Ano	Número de tratores (em milhares)
1970	166
1975	323
1980	545
1985	665
1995	804
2006	821
2013	1159
2025*	1316
2035*	1464

*Número estimado de tratores.

Fonte de pesquisa: Dieese. O mercado de trabalho assalariado rural brasileiro. *Estudos e pesquisas*, n. 74, p. 8, out. 2014.

a. O que o gráfico mostra?

b. Qual é a relação entre a tendência identificada no gráfico e o uso de tecnologias e máquinas modernas no campo?

_____

_____

4 Observe as fotos abaixo e indique qual fonte de energia foi retratada em cada uma delas. Depois, responda à questão proposta.

A

Refinaria de petróleo em Betim, MG, 2014.

B

Plantação de cana-de-açúcar e usina de etanol em Pedro Afonso, TO, 2017.

- Qual é a importância do setor de energia para a economia?

5 Leia o texto abaixo. Depois, responda às questões.

> As mulheres trabalham, em média, 7,5 horas a mais que os homens por semana devido à dupla jornada, que inclui tarefas domésticas e trabalho remunerado. [...]
> "A responsabilidade feminina pelo trabalho de cuidado ainda continua impedindo que muitas mulheres entrem no mercado de trabalho e, ao mesmo tempo, aquelas que entram no mercado continuam respondendo pelas tarefas de cuidado, tarefas domésticas. [...]", afirmou a especialista [...] Natália Fontoura.

Andreia Verdélio. Mulheres trabalham 7,5 horas a mais que homens devido à jornada dupla. *Agência Brasil*, 6 mar. 2017. Disponível em: <http://agenciabrasil.ebc.com.br/geral/noticia/2017-03/mulheres-trabalham-75-horas-mais-que-homens-devido-dupla-jornada>. Acesso em: 3 dez. 2017.

a. O que é a jornada dupla de trabalho? Quem ela afeta mais: os homens ou as mulheres? Por quê?

_____

_____

_____

b. Você conhece pessoas que realizam jornada dupla de trabalho? Compartilhe com a turma o que você sabe sobre a rotina delas.

CAPÍTULO 7

As regiões brasileiras

O território brasileiro é extenso, o que propicia a diversidade natural e cultural do país. O Brasil é atualmente dividido em cinco regiões, e cada uma delas é formada por unidades federativas que apresentam semelhanças em relação a aspectos naturais, econômicos e culturais. No entanto, em uma mesma região também podem existir muitos contrastes. Observe a ilustração a seguir.

▸ A cena retrata uma festa realizada em todas as regiões do Brasil. Você sabe que festa é essa? Explique.

▸ Você já experimentou algum dos pratos representados nas barracas da cena? Se você tivesse de levar um prato típico de sua região a uma festa, o que levaria?

▸ Algum dos pratos mencionados por você e os colegas também é comum em outras regiões do Brasil? Por que você acha que isso ocorre?

Diferenças no território

A superfície da Terra é constituída por diferentes espaços. As diferenças entre eles resultam de muitos fatores, que refletem o modo como os fenômenos naturais ocorrem e como as sociedades humanas ocupam e organizam o espaço em cada parte do planeta.

Você já estudou que o território do Brasil é extenso e que isso favorece a diversidade que se manifesta nas paisagens e na população do país. Uma particularidade dessa diversidade brasileira é que certas características naturais e manifestações culturais só ocorrem ou se concentram em determinadas regiões do país.

As festividades retratadas nesta página ilustram essa diversidade. Note que as fotos foram tiradas em três localidades de diferentes regiões do Brasil.

Festival de Parintins, AM, 2015.

Apresentação de quadrilha em festa junina. Campina Grande, PB, 2015.

Apresentação de congada em São Luiz do Paraitinga, SP, 2014.

1 No Brasil, algumas manifestações culturais típicas deram origem a grandes festas. Algumas delas são conhecidas em todo o Brasil, como o festival de Parintins e as festas juninas no Nordeste.

   a. Quais são as vantagens e as desvantagens de uma festa tradicional de um lugar ser conhecida em todo o Brasil e atrair visitantes?

   b. No lugar onde você vive ou nas localidades vizinhas, há alguma festa típica? Em caso afirmativo, qual? Conte sobre ela.

Divisões regionais

Para diferenciar espaços em um território e determinar limites entre eles, é necessário realizar estudos a fim de identificar aspectos ambientais, sociais e econômicos que os caracterizam.

É com esse objetivo que um território é dividido em partes menores, chamadas de **regiões**.

Na atual Região Centro-Oeste, destaca-se o cultivo de produtos agrícolas como a soja, que é feito em extensas propriedades rurais, com o emprego de máquinas. A soja é um dos principais produtos exportados pelo Brasil. Colheita mecanizada de soja em Diamantino, MT. Foto de 2015.

Transformações na regionalização oficial do Brasil

A grande extensão territorial do Brasil torna sua divisão em regiões muito importante para governar o país.

Como a população e o território se modificam ao longo do tempo, as divisões regionais não poderiam permanecer iguais. As regionalizações feitas pelo IBGE, órgão oficialmente responsável por isso, passaram por várias alterações visando apresentar melhor a realidade regional do país.

Os mapas a seguir representam as diferentes regionalizações do Brasil propostas pelo IBGE ao longo do tempo. Cada cor representa o conjunto de unidades federativas de uma região. Ao comparar esses mapas, é possível observar mudanças na divisão política do país.

Fonte de pesquisa: *Atlas geográfico escolar*. Rio de Janeiro: IBGE, 2004. p. 100.

Fonte de pesquisa: *Atlas geográfico escolar*. Rio de Janeiro: IBGE, 2004. p. 100.

Brasil: Divisão regional — 1960

Fonte de pesquisa: *Atlas geográfico escolar*. Rio de Janeiro: IBGE, 2004. p. 101.

Brasil: Divisão regional — 1988

Fonte de pesquisa: *Atlas geográfico escolar*. 7. ed. Rio de Janeiro: IBGE, 2016. p. 92.

Perceba que as regionalizações são diferentes entre si. Nos anos 1940, por exemplo, não existia a Região Centro-Oeste. Nas regionalizações de 1950 e de 1960, por sua vez, alguns estados mudaram de região: o Rio de Janeiro, que era da Região Sul na década de 1940, passou para a Região Leste. Da mesma forma, Maranhão e Piauí, que faziam parte da Região Norte nos anos 1940, passaram a pertencer à Região Nordeste.

Desde 1970, está em vigor a regionalização que divide o Brasil em cinco regiões: **Norte**, **Nordeste**, **Centro-Oeste**, **Sudeste** e **Sul**. Nessa regionalização, Sergipe e Bahia deixaram de ser parte da extinta Região Leste para integrar o Nordeste, e São Paulo deixou a Região Sul para compor o Sudeste, com Minas Gerais, Rio de Janeiro e Espírito Santo.

Depois de 1970, houve mudanças na divisão política e administrativa do país, como o desmembramento de parte do Mato Grosso para formar o Mato Grosso do Sul. A Constituição de 1988 promoveu outras alterações na divisão política e administrativa e consolidou a atual divisão regional oficial do Brasil com base na regionalização de 1970.

1 Sobre os mapas, responda às questões.

a. Qual unidade da federação deixou de fazer parte da Região Centro, na década de 1940, e passou a compor a Região Leste, na década de 1950?

b. Comparando a regionalização atual com a dos anos 1940, a unidade da federação onde você vive fazia parte de outra região? Explique.

Outras regionalizações do Brasil

Além da regionalização definida pelo IBGE, existem outras, realizadas por pesquisadores e estudiosos.

Em 1967, o geógrafo Pedro Geiger dividiu o Brasil em **regiões geoeconômicas**, levando em conta sobretudo critérios sociais e econômicos. Nela, o Brasil se divide em **Nordeste**, **Amazônia** e **Centro-Sul**.

O Nordeste se caracterizava por ter baixos níveis de desenvolvimento. Nas últimas décadas, no entanto, apresentou significativas melhorias no desenvolvimento social e econômico.

Na Amazônia, as características naturais, como a presença de muitos rios e da floresta Amazônica, influenciam a ocupação humana e a economia, marcada pelo extrativismo vegetal e mineral e pelas atividades agrícolas.

O Centro-Sul é a região mais urbanizada e com economia mais desenvolvida. Porém, nela a desigualdade social também é grande.

Já na regionalização do geógrafo Milton Santos, de 1999, o Brasil é dividido nas regiões **Amazônia**, **Nordeste**, **Centro-Oeste** e **Concentrada**. Nessa proposta, o geógrafo considerou critérios como o desenvolvimento econômico, as condições de infraestrutura e a produção de conhecimento. É na área delimitada pela Região **Concentrada** que esses aspectos estão mais desenvolvidos.

Brasil: Regiões geoeconômicas

Fonte de pesquisa: *Atlas geográfico escolar*. Rio de Janeiro: IBGE, 2016. p. 152.

Brasil: Divisão regional — Milton Santos

Fonte de pesquisa: Maria Laura Silveira e Milton Santos. *Brasil*: território e sociedade no início do século XXI. Rio de Janeiro: Record, 2001. p. LXIV.

2 Em quantas regiões se divide o Brasil em cada uma das regionalizações apresentadas nesta página?

📖 Representações

Mapas políticos

A divisão de um território em regiões é uma criação humana. Portanto, ainda que sejam usados elementos da paisagem (como rios) para demarcar parte dos limites entre regiões, a divisão regional não está traçada no território real. O mesmo vale para os limites entre países, entre estados e entre municípios, que são apenas representados em mapas.

Os mapas que representam as divisões territoriais são chamados **mapas políticos**. Como exemplo, veja abaixo o mapa político das unidades federativas que formam a Região Norte, definida pelo IBGE.

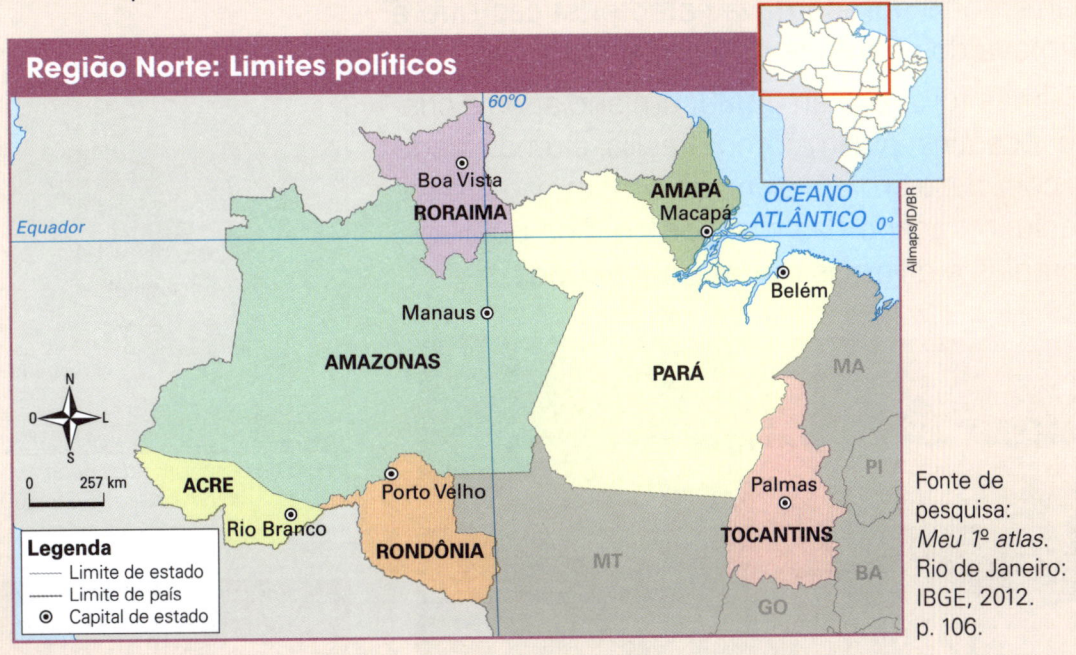

Região Norte: Limites políticos

Fonte de pesquisa: *Meu 1º atlas*. Rio de Janeiro: IBGE, 2012. p. 106.

Observe que os limites são representados por linhas. Como nesse mapa há limites de estado e de país, são utilizados dois tipos de linha, que se diferenciam pela espessura e estão indicadas na legenda. Nela, também há o símbolo usado para representar as capitais de estado no mapa (um círculo com um ponto preto no meio). Nesse mapa, também são representadas as linhas imaginárias, indicadas com fios azuis, para a orientação espacial, além de uma rosa dos ventos e uma escala.

1 Imagine que é preciso acrescentar uma linha nesse mapa para representar o limite da Região Norte com outras regiões brasileiras.

   a. Por onde essa linha passaria?

   b. Essa linha seria mais grossa ou mais fina do que a que representa o limite de estado? E em relação à linha que representa o limite de país? Explique.

Pessoas e lugares

Palmas, do planejamento ao encontro de culturas

Palmas é a capital do Tocantins, estado criado em 1988 a partir do desmembramento do norte de Goiás. Desde sua criação, Tocantins integra a Região Norte, enquanto Goiás permaneceu na Região Centro-Oeste.

Essa divisão do território goiano em dois estados, com o Tocantins passando a integrar outra região, se justifica porque a parte sul de Goiás apresentava características físicas e econômicas mais próximas às dos estados da Região Centro-Oeste, e a parte norte apresentava características que a aproximava dos estados da Região Norte.

Palmas foi criada em 1989, um ano após a criação de Tocantins. Assim como Brasília, é uma cidade criada com base em um plano de construção urbana que inclui o traçado das ruas, os prédios públicos, as moradias e diversas outras construções.

Goiás: Limites estaduais antes de 1988

Fonte de pesquisa: *Atlas geográfico escolar*. Rio de Janeiro: IBGE, 2004. p. 100.

Em 1996 (primeira foto), Palmas ainda era uma cidade em construção. Havia muitos terrenos sem ocupação e poucas construções. Em 2017 (segunda foto), Palmas estava maior e mais arborizada e apresentava mais construções.

Goiás e Tocantins: Limites estaduais atuais

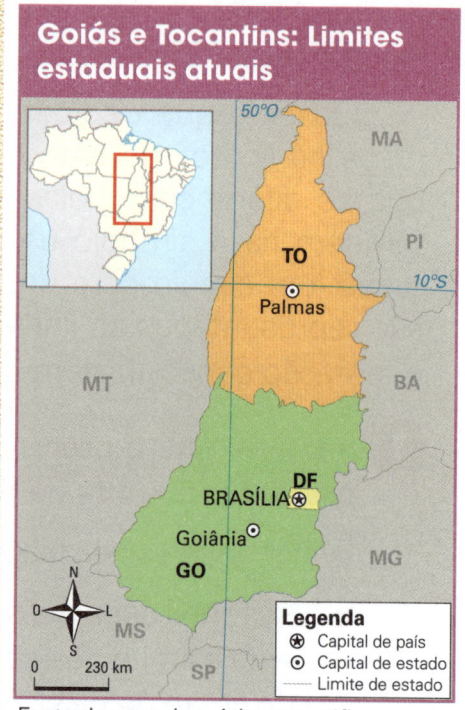

Fonte de pesquisa: *Atlas geográfico escolar*. Rio de Janeiro: IBGE, 2016. p. 92.

A construção de Palmas atraiu grande número de migrantes para a cidade. Em 1991, apenas dois anos após sua fundação, Palmas já contava com quase 25 mil moradores. Em busca de novas oportunidades, essas pessoas vinham de variados estados do Brasil, sendo a maioria do Maranhão e de Goiás. No entanto, também houve significativa migração originada de outros lugares do próprio Tocantins.

Essas imagens de satélite mostram alterações na paisagem de Palmas. A primeira imagem é de 1990, e a segunda é de 2016. Além do grande aumento da mancha urbana, vê-se o grande alargamento do rio Tocantins. No início dos anos 2000, com a construção de uma usina hidrelétrica em Lajeado, ao norte de Palmas, as áreas próximas às margens do rio Tocantins ficaram submersas.

Os novos moradores da capital do Tocantins levaram consigo seu modo de vida e as manifestações culturais de sua terra de origem, como a música, a dança, a comida e os trajes típicos. Por isso, em Palmas há uma grande mistura de variadas culturas que se manifestam no Brasil.

Apresentação de dança típica de festa junina, celebração tradicional da cultura nordestina. Palmas, TO. Foto de 2017.

1 A área que, ao se desmembrar de Goiás, se tornou o estado do Tocantins, passou a integrar a Região Norte. Porém, o estado de Goiás permaneceu no Centro-Oeste. Por que isso ocorreu?

2 O que explica o rápido crescimento de Palmas logo após sua criação?

3 Em Palmas, há festas tradicionais de povos de várias regiões do Brasil. Por que isso acontece?

4 Pesquise imagens que representem a diversidade cultural existente no Tocantins, como as festas religiosas, a tradição dos povos africanos e indígenas e os pratos típicos. Com base em sua pesquisa, faça um desenho, em uma folha avulsa, com o tema *As diversas manifestações culturais no Tocantins*.

Aprender sempre

1 Escolha uma das propostas de regionalização do Brasil estudadas no capítulo: a oficial do IBGE, a de regiões geoeconômicas, de Pedro Geiger, ou a do geógrafo Milton Santos. Depois, faça o que se pede.

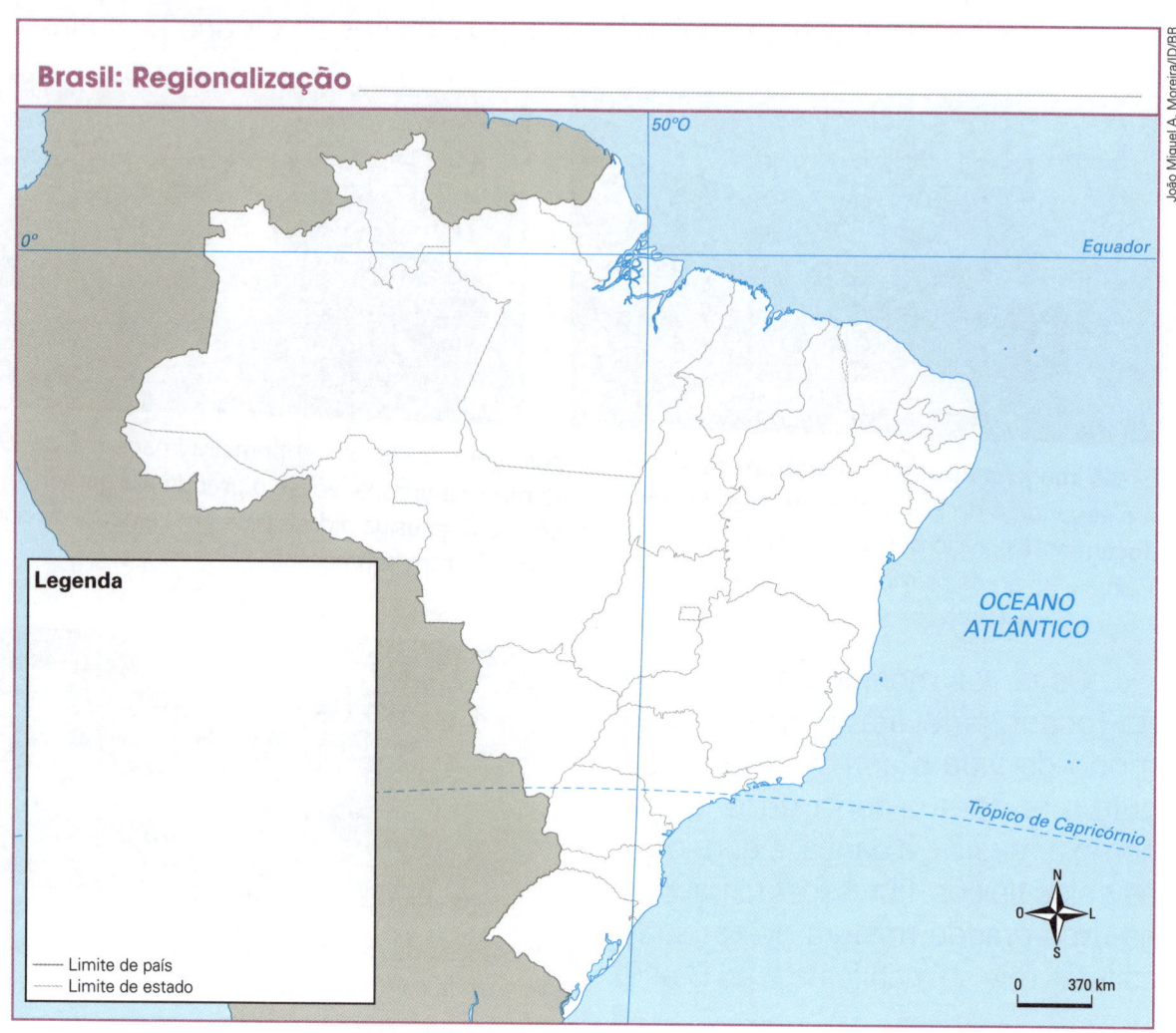

Brasil: Regionalização _____

Legenda

----- Limite de país
----- Limite de estado

0   370 km

Fonte de pesquisa: *Atlas geográfico escolar*. Rio de Janeiro: IBGE, 2016. p. 94.

a. Identifique os estados e o Distrito Federal e escreva a sigla deles no mapa.

b. Pinte de cores diferentes os grupos de unidade da federação de cada região.

c. Complete o título e a legenda do mapa.

2 No quadro abaixo, sublinhe de roxo os nomes de regiões que se referem à divisão oficial do IBGE e, de azul, os das regiões geoeconômicas. Depois, contorne de verde o nome comum às duas divisões regionais.

Amazônia   Norte   Centro-Oeste   Centro-Sul   Sudeste   Nordeste   Sul

3 Você já participou de festas ou de outras manifestações culturais típicas de sua região? Em sua opinião, por que é importante valorizar essas manifestações culturais?

4 Observe as fotos abaixo. Elas mostram vegetações típicas de regiões diferentes do Brasil. Elas não ocorrem somente nessas regiões, mas são quase exclusivas de cada uma delas. Em seguida, responda às questões.

Trecho da floresta Amazônica, que está presente em todos os estados da Região Norte. Tarauacá, AC, 2017.

Trecho de mata de araucária, vegetação presente em todos os estados da Região Sul. Cambará do Sul, RS, 2017.

a. As fotos mostram formações vegetais iguais ou diferentes? Explique.

_____

_____

b. Com base na observação das fotos e nas informações das legendas, responda: Critérios ligados a aspectos naturais, como a vegetação, também foram levados em conta na divisão regional brasileira oficial? Justifique sua resposta.

_____

_____

_____

_____

5 A regionalização oficial do Brasil feita pelo IBGE sempre foi a mesma? Por quê?

CAPÍTULO 8

A Região Norte

Os rios são importantes para a vida. Deles, é possível obter água para os mais diversos usos e também alimento. Por isso, os rios são parte fundamental do cotidiano de muitas pessoas.

O vínculo com os rios é ainda maior para grande parte da população da Região Norte. Leia este trecho de reportagem que retrata bem essa relação.

> O que para muita gente pode ter sabor de aventura, para muitas crianças ribeirinhas é apenas parte da rotina do grupo que atravessa o rio Amazonas todos os dias para ir à escola.
>
> Que espetáculo seria se todo mundo tivesse este percurso até a sala de aula. Estamos no Lago Janauacá, no [rio] Solimões. Para nossa equipe de reportagem, são duas horas de deslumbramento.
>
> Mas os alunos vão fazendo tarefas, estudando e colocando o papo em dia. [...]

Crianças da comunidade São Francisco do Mainã vão de barco para a escola. Manaus, AM, 2014.

Cristina Serra. Crianças usam barco como transporte escolar na Amazônia. *G1*, 1º out. 2010. Disponível em: <http://g1.globo.com/globo-reporter/noticia/2010/10/criancas-usam-barco-como-transporte-escolar-na-amazonia.html>. Acesso em: 11 nov. 2017.

▶ Para a repórter, a travessia das crianças ribeirinhas no rio Amazonas não é um simples deslocamento até a escola. É também um deslumbramento. Por que ela chegou a essa conclusão? As crianças parecem ter a mesma sensação que a repórter? Por quê?

▶ Você usa algum meio de transporte para ir à escola? Se sim, esse meio é o mais comum no lugar onde você vive? Há outros meios de transporte? Quais?

Características gerais

A Região Norte é formada pelos estados do Acre, Amapá, Amazonas, Pará, Rondônia, Roraima e Tocantins. Essa região é a maior entre as cinco regiões brasileiras definidas pelo IBGE, compreendendo quase a metade do território nacional.

A floresta Amazônica, que abrange a maior parte do território da região, tem forte influência no clima do Brasil. As temperaturas sempre elevadas e o longo período anual de chuvas favoreceram o desenvolvimento da vegetação densa e da grande biodiversidade.

Região Norte: Político e vegetação

Fonte de pesquisa: Gisele Girardi e Jussara Vaz Rosa. *Atlas geográfico do estudante*. São Paulo: FTD, 2016. p. 64.

Na Região Norte, predomina o relevo plano e baixo. Os inúmeros rios que cortam a floresta Amazônica, passando pelos terrenos mais planos, apresentam desníveis suaves. Isso favorece a navegação e compensa as dificuldades de deslocamento por terra impostas pela vegetação densa.

1 Observe o mapa acima e responda às questões.

O rio Amazonas nasce no Peru, atravessa a Região Norte e deságua no oceano Atlântico. Ao longo de seu curso, recebe nomes diferentes. No Brasil, ele é chamado de Solimões até o ponto em que suas águas se encontram com as do rio Negro. Daí em diante, recebe o nome de rio Amazonas. A foto mostra o encontro das águas do rio Solimões com o rio Negro, que é uma atração turística da região. Manaus, AM, 2016.

a. Quantos estados compõem a Região Norte? Quais são os nomes deles e as respectivas siglas?

b. Que tipo de vegetação ocorre em todos os estados da Região Norte, com exceção do Acre?

Representações

Convenções cartográficas

Você já percebeu que determinados elementos são representados da mesma forma em diferentes mapas?

As cores e os símbolos usados para representar sempre os mesmos elementos são chamados de **convenções cartográficas**. Essas formas de representação são aceitas e compreendidas em todo o mundo.

Em mapas, corpos de água são sempre representados com a cor azul. Portanto, nesse caso, a cor azul é a convenção cartográfica para representarmos a água de rios, lagos e oceanos, mesmo que na realidade eles não tenham essa cor.

O mapa abaixo e a foto da página 91 representam a área em que os rios Negro e Solimões se encontram. Compare a cor da água nestas duas representações.

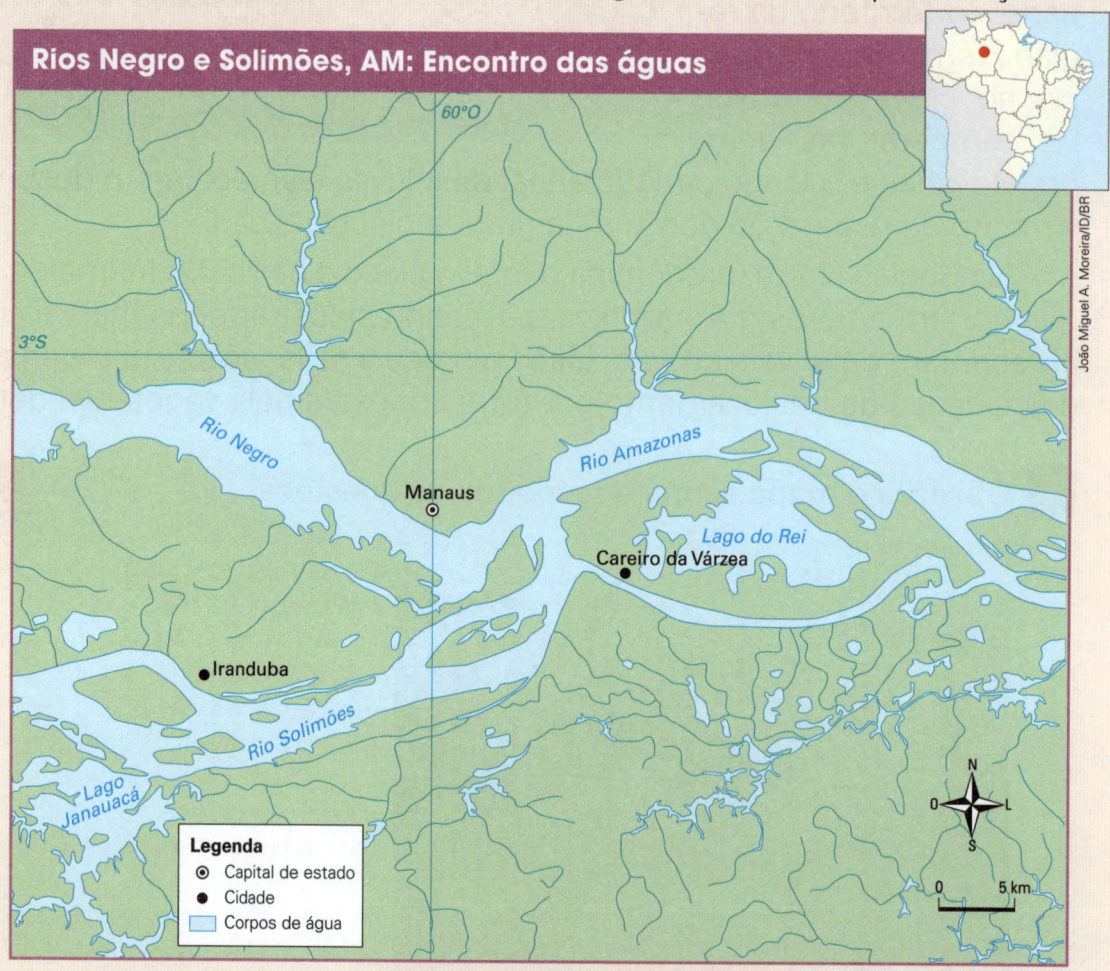

Rios Negro e Solimões, AM: Encontro das águas

Legenda
- ⊙ Capital de estado
- • Cidade
- Corpos de água

Fonte de pesquisa: IBGE. *Base cartográfica digital*. Disponível em: <http://portaldemapas.ibge.gov.br/portal.php#mapa207415>. Acesso em: 16 mar. 2017.

1 Como seria possível reconhecer a representação de corpos de água no mapa mesmo que, por engano, sua indicação na legenda não tivesse sido feita? Explique.

Os rios da Região Norte

Na Região Norte, encontra-se a maior parte dos rios brasileiros. A chuva abundante é a principal fonte da água que abastece esses rios, mas não é a única. O rio Amazonas, por exemplo, nasce no Peru, onde é formado pelas águas das geleiras presentes na **cordilheira** dos Andes.

Cordilheira: grande conjunto de montanhas cujos topos muito elevados são cobertos de gelo. Periodicamente, parte desse gelo descongela e escorre para áreas mais baixas.

Vários rios da Região Norte são utilizados para transportar pessoas e mercadorias. Parte da soja produzida na Região Centro-Oeste, por exemplo, é transportada até o porto de Belém, passando por trechos de rios como o Madeira e o Amazonas. A partir de Belém, a soja é exportada pelo mar para países como a China e o Japão.

Assim como as áreas de floresta, os rios da Região Norte são atrativos turísticos. Com você viu na página 91, uma das principais atrações é o encontro dos rios Negro e Solimões nas proximidades de Manaus, AM. As águas escuras do rio Negro e as águas barrentas do rio Solimões não se misturam logo que se encontram e formam esse fenômeno peculiar. Outro atrativo da região são as ondas chamadas de pororocas, formadas no rio Amazonas e retratadas na foto abaixo.

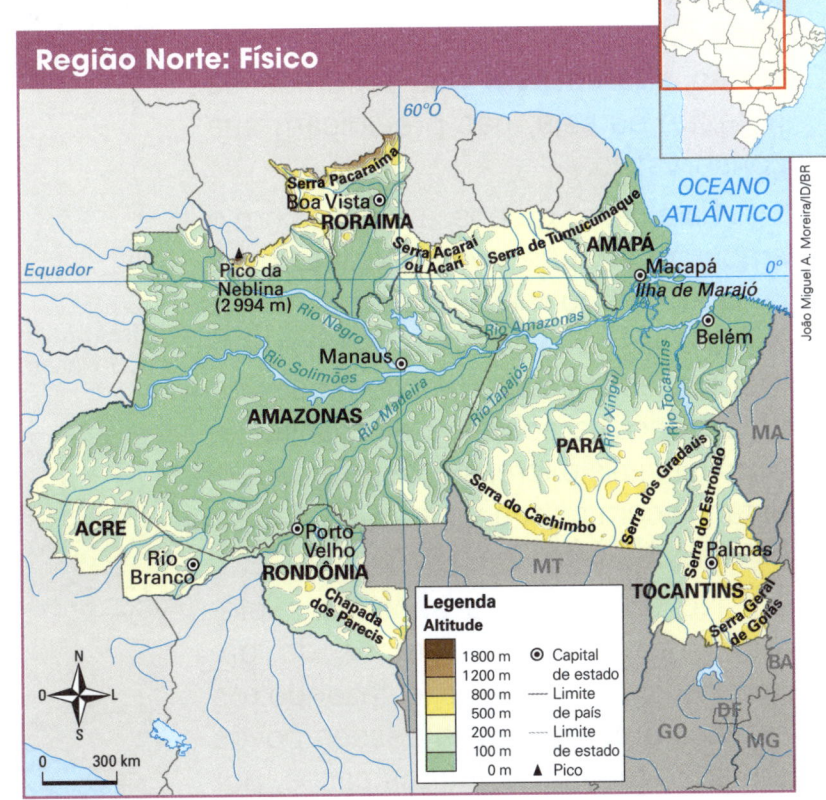

Região Norte: Físico

Fonte de pesquisa: *Atlas geográfico escolar*. Rio de Janeiro: IBGE, 2016. p. 88.

Na região da foz do rio Amazonas ocorrem as pororocas. Quando as águas oceânicas atingem níveis superiores aos dos rios, grandes ondas invadem os cursos de água provocando forte barulho (em tupi, pororoca significa "grande estrondo"). São Domingos do Capim, PA. Foto de 2015.

Os povos da floresta

Os grupos humanos que vivem do extrativismo vegetal, como os seringueiros e os castanheiros, assim como as comunidades ribeirinhas, que vivem da pesca e da agricultura, e os grupos indígenas, que obtêm recursos de diferentes formas (caça, pesca, coleta, agricultura), são chamados de **povos da floresta**.

Esses povos dependem da floresta para sobreviver e cultivar suas tradições. Seus modos de vida permitem o **uso sustentável** dos recursos da floresta, ou seja, não prejudicam sua conservação.

Para esses grupos, a ligação com o ambiente em que vivem significa mais do que uma forma de obter alimentos e moradias. Os costumes, os conhecimentos, as crenças, o modo de se vestir, os vínculos sociais e as manifestações culturais expressam a relação que estabelecem com a vegetação, o solo, os animais, as fontes de água, etc.

No entanto, o avanço da exploração destrutiva por grupos de garimpeiros, madeireiros e fazendeiros ameaça a permanência desses povos em suas terras. Há muitos casos, por exemplo, de conflitos entre indígenas e representantes desses grupos.

Outra grave ameaça aos povos da floresta são as grandes construções, como as hidrelétricas, que causam o desmatamento de grandes áreas e o represamento dos rios.

Castanheiro coleta castanhas-do-pará, sementes que, depois de descascadas, podem ser consumidas *in natura* ou ser utilizadas em mistura com outros alimentos. Laranjal do Jari, AP. Foto de 2017.

> *In natura:* no estado natural, sem ser industrialmente processado.

A construção da usina de Jirau desabrigou povos ribeirinhos que viviam às margens do rio Madeira e prejudicou atividades realizadas por eles, como o extrativismo. Porto Velho, RO. Foto de 2010.

1 Quais são as ameaças aos povos da floresta na Região Norte?

Os povos indígenas

Os povos indígenas tiveram sua população muito reduzida desde o início da colonização europeia, mas ainda têm significativa participação e influência na Região Norte. Muitos povos seguem vivendo em meio à floresta Amazônica e conservam sua cultura e seus costumes.

Indígenas Kayapó participam de dança típica. Repare que o grupo mantém elementos característicos de sua cultura, como colares e cocares (enfeite na cabeça), mas também usam peças de roupas variadas, mostrando que toda cultura é dinâmica, está sempre se alterando e se renovando. São Félix do Xingu, PA. Foto de 2016.

Há também um grande número de indígenas que vivem em cidades, integrados ao modo de vida urbano. Mesmo nas cidades, boa parte deles preserva elementos da tradição de seus ancestrais.

Mesmo reconhecidos como cidadãos, os indígenas sofrem com a desigualdade social, a falta ou dificuldade de acesso a serviços básicos, como saúde e educação, além de enfrentar conflitos para ter as terras onde vivem demarcadas e reconhecidas pelo governo brasileiro.

2 Converse com os colegas e o professor: A conservação dos costumes e da cultura dos povos tradicionais é importante? Por quê?

O cântico das crianças
Disponível em: <http://www.funai.gov.br/index.php/indios-no-brasil/sons-indigenas/684-ww>. Acesso em: 10 nov. 2017.

Nessa página da Fundação Nacional do Índio (Funai), você encontra cânticos Guarani para crianças indígenas, ensinados pelos mais velhos. Os cânticos são repassados a gerações mais jovens como forma de preservar essa cultura.

A culinária da Região Norte

A mistura de arroz e feijão é conhecida como a base da alimentação brasileira. No entanto, a Região Norte tem vários pratos típicos que são desconhecidos por boa parte da população de outras regiões do país.

O fato de a maior parte da floresta Amazônica ter se mantido preservada, apesar do grande desmatamento já ocorrido, tornou possível o aproveitamento de sua diversidade de espécies para obter ingredientes exclusivos. A tradição das populações indígenas e dos povos da floresta, em geral, também foi importante para difundir determinados modos de preparo dos alimentos e para formar um paladar próprio na cultura regional.

Entre os pratos tradicionais da Região Norte estão as caldeiradas, a maniçoba, o pato no tucupi, o tacacá e vários pratos com peixes. Também foram incorporadas à culinária da região muitas frutas nativas, como o açaí, o bacuri, o buriti, o cupuaçu, a pupunha, o tucumã, o uxi, entre outras.

O tacacá, prato típico da Região Norte, é feito com a água da goma de mandioca, camarões, pimenta e a erva jambu. Foto de 2015.

Com a polpa do bacuri podem ser feitos sucos e doces. A semente também é comestível. Foto de 2014.

O "cupulate" é um tipo de chocolate, assim chamado porque em seu preparo o cupuaçu substitui o cacau. Foto de 2014.

1 Você já experimentou alguma fruta ou comida tradicional da Região Norte? Em caso afirmativo, qual foi a fruta ou a comida? Como foi essa experiência?

A agricultura e a pecuária

A agropecuária é uma das atividades econômicas que mais se desenvolvem na Região Norte. Entre os gêneros mais cultivados estão a soja, a cana-de-açúcar, o café e o algodão. Na atividade pecuária destaca-se a criação de gado bovino em grandes propriedades para a comercialização da carne.

Como já vimos, a busca de novas áreas para a produção agropecuária tem provocado o avanço do desmatamento tanto no cerrado (sobretudo no estado do Tocantins) quanto na floresta Amazônica. Além disso, com a substituição da vegetação natural por pastagens, o pisoteio do gado fragiliza o solo, que fica mais exposto ao processo de erosão.

Criação de gado bovino em Itapuã do Oeste, RO. Foto de 2017.

1 Um dos problemas que a floresta Amazônica enfrenta é o do desmatamento. Sobre isso, observe o mapa a seguir.

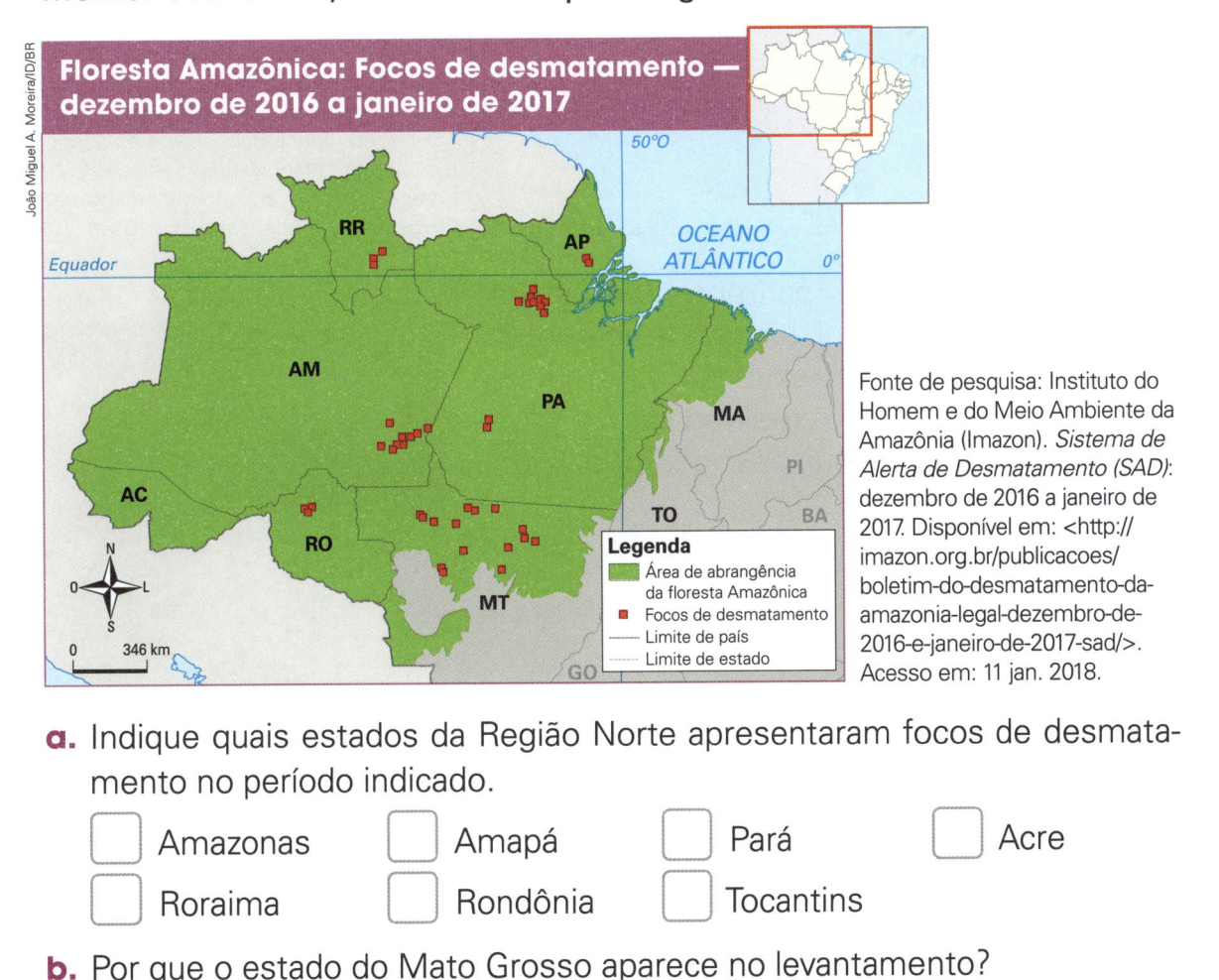

Floresta Amazônica: Focos de desmatamento — dezembro de 2016 a janeiro de 2017

Fonte de pesquisa: Instituto do Homem e do Meio Ambiente da Amazônia (Imazon). *Sistema de Alerta de Desmatamento (SAD)*: dezembro de 2016 a janeiro de 2017. Disponível em: <http://imazon.org.br/publicacoes/boletim-do-desmatamento-da-amazonia-legal-dezembro-de-2016-e-janeiro-de-2017-sad/>. Acesso em: 11 jan. 2018.

a. Indique quais estados da Região Norte apresentaram focos de desmatamento no período indicado.

☐ Amazonas   ☐ Amapá   ☐ Pará   ☐ Acre
☐ Roraima   ☐ Rondônia ☐ Tocantins

b. Por que o estado do Mato Grosso aparece no levantamento?

O extrativismo vegetal e mineral

Na Região Norte, grande parte dos produtos de origem vegetal não é obtida pela prática da agricultura, mas extraída diretamente da natureza. Entre esses produtos estão a castanha-do-pará, o açaí, o palmito, a pupunha e a madeira.

Além dos recursos vegetais da região, destaca-se também a extração de **minerais**. Em seu subsolo há grandes reservas de ferro, de ouro e de outros produtos de origem mineral valorizados como matérias-primas industriais.

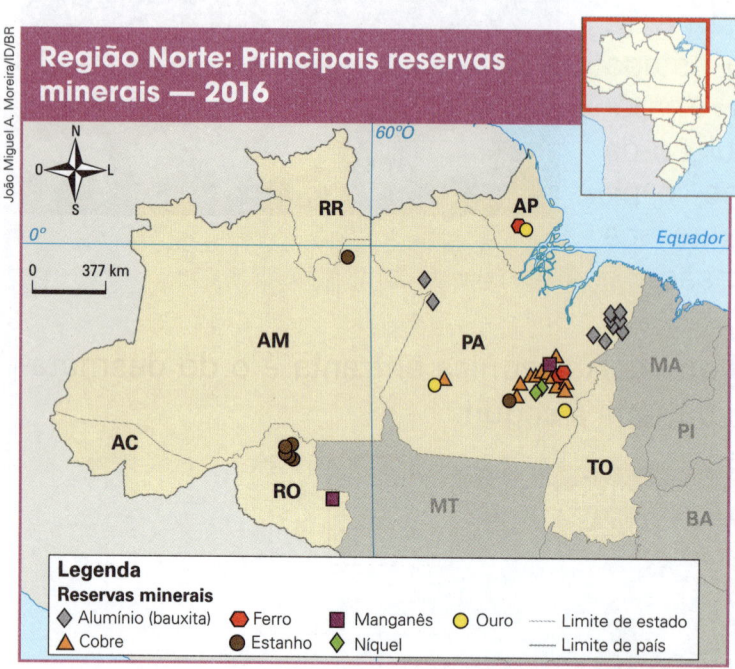

Região Norte: Principais reservas minerais — 2016

Legenda
Reservas minerais
- Alumínio (bauxita)
- Ferro
- Manganês
- Ouro
- Cobre
- Estanho
- Níquel
- Limite de estado
- Limite de país

Mineral: material oriundo de rochas que constituem o subsolo. Os minerais que podem ser utilizados na fabricação de produtos úteis para os seres humanos (peças de metal, cimentos, pisos, cal, etc.) são chamados de minérios.

Fonte de pesquisa: Brasil. Departamento Nacional de Produção Mineral (DNPM). *Anuário mineral brasileiro*: principais substâncias metálicas. Brasília: DNPM, 2016. Disponível em: <http://www.dnpm.gov.br/dnpm/publicacoes/serie-estatisticas-e-economia-mineral/anuario-mineral/anuario-mineral-brasileiro/anuario-mineral-brasileiro-2016-metalicos>. Acesso em: 10 jan. 2018.

Na Região Norte, garimpeiros buscam ouro de forma artesanal, usando ferramentas simples. Há também a extração de grandes quantidades de minérios realizada por empresas com o uso de máquinas modernas.

O extrativismo mineral pode provocar problemas ambientais, como o desmatamento e a poluição das águas. Na foto, paisagem degradada pela realização de garimpo de ouro, em Ourilândia do Norte, PA, 2016. É possível perceber a erosão do terreno e a contaminação da água, visível por sua coloração.

1 Quais problemas ambientais o extrativismo mineral pode provocar?

2 Qual é o estado da Região Norte com maior variedade de recursos minerais?

As cidades

A Região Norte é muito conhecida pelos ambientes naturais, mas também tem cidades importantes e históricas.

As duas maiores cidades da região são Manaus, capital do Amazonas, e Belém, capital do Pará. Elas estão hoje entre as maiores cidades brasileiras e concentram boa parte da indústria, do comércio e dos serviços da região.

Outras cidades se destacam como centros urbanos importantes, como as capitais Porto Velho (RO), Macapá (AP), Rio Branco (AC), Boa Vista (RR) e Palmas (TO), além das cidades de Santarém (PA), Marabá (PA) e Araguaína (TO).

Manaus é a maior cidade da Região Norte e, desde 1972, abriga um grande polo industrial: a Zona Franca. Trata-se de uma área em que o governo concede reduções ou **isenções** de impostos às indústrias que nela se instalam. A medida atraiu muitas empresas brasileiras e estrangeiras, principalmente do setor eletroeletrônico.

Além dos empregos e do desenvolvimento econômico que gerou, esse polo industrial também contribuiu para o crescimento muito rápido da população. Porém, a expansão da infraestrutura não acompanhou as necessidades da população.

Apesar da importância econômica da Zona Franca, suas atividades industriais geram preocupações ambientais, pois diversas fábricas existentes nessa área não realizam o tratamento e o descarte adequado dos resíduos industriais.

Porto Velho, capital de Rondônia, se destaca na mineração de ouro e de cassiterita. A pesca e as atividades comerciais também são importantes. A indústria, por sua vez, não é muito desenvolvida. Foto de 2016.

Fábricas no polo industrial de Manaus, AM. Foto de 2015.

Isenção: no sentido do texto, significa não ser obrigado a pagar impostos.

1 Quais mudanças a Zona Franca trouxe para Manaus? Cite os aspectos positivos e negativos delas.

Aprender sempre

1 Leia a notícia e, em seguida, responda às questões.

> Quarenta e duas ambulâncias e doze ambulanchas foram entregues à população [...], no Porto do São Raimundo, na Zona Oeste de Manaus. "Você precisa dotar de uma estrutura mínima para transportar os pacientes, com ambulâncias nas sedes dos municípios e ambulanchas para pegar pacientes nas comunidades ribeirinhas [...]", frisou o [ex-]governador Omar Aziz. [...]

Ambulâncias e ambulanchas são entregues para reforçar atendimento no interior do AM. Acritica.com, Manaus, 3 abr. 2014. Disponível em: <http://www.acritica.com/channels/cotidiano/news/ambulancias-e-ambulanchas-sao-entregues-para-reforcar-atendimento-no-interior-do-am>. Acesso em: 17 mar. 2017.

a. De acordo com o texto, o que você imagina que seja uma ambulancha?

b. Por que esse tipo de transporte é mais útil que as ambulâncias convencionais em determinadas áreas da Região Norte?

2 As atividades extrativistas podem gerar muitos problemas ambientais. Porém, isso depende de como essas atividades são realizadas. Observe as fotos abaixo.

A Coleta de açaí em Cachoeira do Arari, PA, 2015.

B Área escavada para mineração de ferro em Canaã dos Carajás, PA, 2016.

C Extração de madeira em Caracaraí, RR, 2014.

D Extração de látex em seringueira. Xapuri, AC, 2015.

■ Quais dessas fotos mostram exemplos de convivência entre exploração e preservação? Explique justificando a resposta.

3 Observe a foto abaixo, leia a legenda e faça o que se pede.

Barcos atracados às margens da baía do Guajará, em frente ao mercado Ver-o-Peso, em Belém, PA. Foto de 2015.

- Em uma folha de papel avulsa, explique a relação entre os barcos e o mercado utilizando as palavras listadas abaixo. Em seguida, crie um desenho para representar os elementos presentes no texto que você elaborou.

abastecimento   população   rio

consumo   mercadorias   transporte

4 Leia o texto e observe a imagem. Em seguida, reúna-se com alguns colegas e façam o que se pede.

> O processo de garimpagem do ouro consiste em extrair esse minério do subsolo e separá-lo da lama. Geralmente, os garimpeiros usam mercúrio, elemento responsável por promover essa separação.

Texto para fins didáticos.

- Façam uma pesquisa sobre os problemas da garimpagem para a natureza e para a saúde humana e elaborem um cartaz com as informações que vocês reuniram. Em um dia marcado pelo professor, apresentem o trabalho para a turma.

Garimpeiro à procura de ouro em Senador José Porfírio, PA. Foto de 2017.

CAPÍTULO 9

A Região Centro-Oeste

As paisagens retratadas nas fotos abaixo mostram alguns aspectos importantes para a caracterização da Região Centro-Oeste. Observe cada uma das fotos e leia atentamente as legendas.

A. O Palácio do Planalto é a sede da presidência da República e está situado na capital, Brasília, construída na região para desenvolver e atrair habitantes para o interior do país. Foto de 2015.

B. A paisagem de Cuiabá, capital do Mato Grosso, mostra a urbanização e o desenvolvimento que se intensificam no Centro-Oeste, principalmente a partir dos anos 1970. Foto de 2014.

C. O Parque Indígena do Xingu, no Mato Grosso, foi criado para proteger povos indígenas que vivem nessa área, ameaçados pela expansão de atividades econômicas e da urbanização. Gaúcha do Norte, foto de 2012.

D. A serra da Bodoquena, no Mato Grosso do Sul, tem vegetação significativamente preservada, apesar do avanço das atividades econômicas e da urbanização no Centro-Oeste. Foto de 2014.

▶ A sequência de fotos acima mostra aspectos da ocupação da Região Centro-Oeste em diferentes paisagens. O que as legendas explicam sobre esse isso?

▶ Em geral, o desenvolvimento econômico é visto pela sociedade como algo positivo. Em sua opinião, por que o avanço das atividades econômicas e da urbanização representa uma ameaça aos povos indígenas?

Aspectos gerais

A Região Centro-Oeste é formada pelos estados de Goiás, Mato Grosso e Mato Grosso do Sul e pelo Distrito Federal, no qual está localizada Brasília, a capital do Brasil.

A partir da década de 1960, a construção da cidade de Brasília e a mudança da capital do país, que antes era o Rio de Janeiro, elevaram a importância da região no Brasil.

Na Região Centro-Oeste, o clima é tropical e as temperaturas são elevadas durante a maior parte do ano. A ocorrência de chuvas se distribui em duas estações bem definidas: verões chuvosos e invernos secos.

Região Centro-Oeste: Limites políticos

Fonte de pesquisa: *Atlas geográfico escolar*. Rio de Janeiro: IBGE, 2016. p. 90.

O relevo é diversificado, destacando-se a planície do Pantanal e vastas áreas de planalto, onde também estão presentes as chapadas.

Os degraus no relevo formados pelas chapadas dão origem a diversas cachoeiras. Sobre o relevo plano e baixo do Pantanal formam-se grandes áreas alagadas na estação chuvosa, onde se desenvolvem muitas espécies de animais e vegetais. Essa relação entre os rios e o relevo possibilita a formação de paisagens exuberantes, que são grandes atrativos turísticos.

Cachoeira do Salto do Rio Preto, na Chapada dos Veadeiros. Alto Paraíso de Goiás, GO. Foto de 2016.

1 Quais são as características do clima e do relevo da Região Centro-Oeste?

O cerrado

O cerrado é a principal formação vegetal do Centro-Oeste. É composto de árvores pouco elevadas, com troncos e galhos retorcidos. Nele, predominam áreas com árvores dispersas em meio a campos, mas também há matas em trechos mais úmidos.

Na estação seca, o cerrado fica sujeito a queimadas naturais. No período chuvoso, a vegetação volta a brotar e a ficar verde. Frequentemente, porém, ocorrem queimadas provocadas pelo ser humano, com o objetivo de abrir novas áreas para a agricultura e para a pecuária. Essas queimadas podem atingir grandes extensões, e a vegetação natural não se recupera.

As áreas de cerrado apresentam fauna diversificada, com destaque para os mamíferos e as aves. Tamanduá-bandeira na serra do Roncador, Barra do Garças, MT. Foto de 2017.

O Pantanal

O Pantanal encontra-se em uma área que se estende pelos estados de Mato Grosso e Mato Grosso do Sul e é formado pela maior planície inundável do mundo. Sua vegetação é bastante diversa.

A alternância de paisagens ao longo do ano é uma característica marcante do Pantanal. Durante o período chuvoso, as árvores dão frutos e os rios transbordam, inundando imensas áreas.

Quando as chuvas param, as águas começam a baixar, restando alguns lagos em terrenos mais baixos, que depois também podem secar totalmente.

Pantanal na estação seca. Poconé, MT, inverno de 2013.

Essa foto mostra o mesmo local da imagem ao lado, na estação das chuvas. Poconé, MT, verão de 2014.

Representações

Avanço do desmatamento em imagens de satélite

As imagens a seguir, obtidas com o uso de satélites, mostram a transformação provocada pelo desmatamento em parte do estado do Mato Grosso. A cor verde-escuro mostra a área coberta por vegetação original, e os tons bege indicam a área em que a vegetação original não existe mais. Observe-as.

Situação da vegetação original em 1996 (à esquerda) e em 2016 (à direita) na mesma área de floresta Amazônica em Colniza, MT.

1 Observe a imagem de satélite ao lado. Ela mostra áreas de vegetação preservadas e áreas de vegetação desmatadas. A linha amarela indica o limite do Parque Indígena do Xingu, retratado na abertura deste capítulo. Compare a situação da vegetação dentro do parque e em seus arredores e responda: Ela está mais conservada dentro ou fora do parque? Como é possível perceber isso?

Imagem de satélite de 2018 mostrando o Parque Indígena do Xingu, localizado no Mato Grosso.

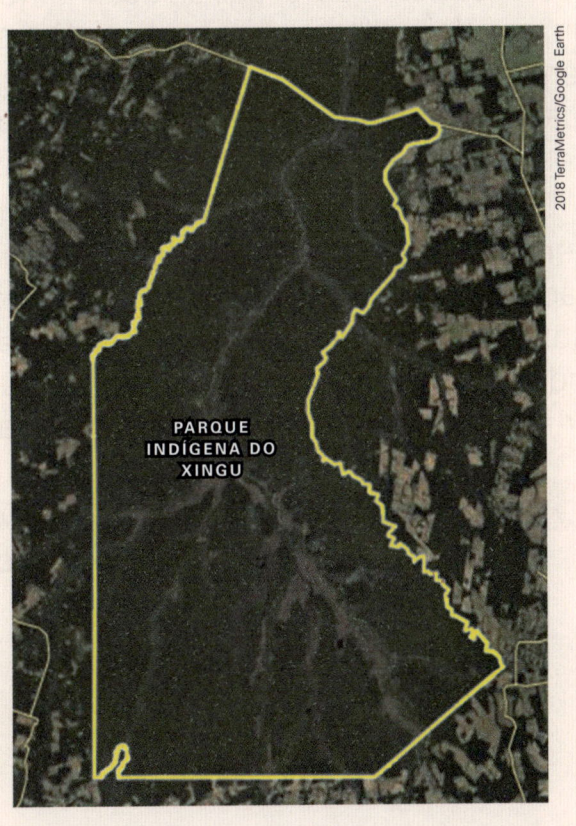

Os povos indígenas

A Região Centro-Oeste é, após a Região Norte, a que mais concentra indígenas no Brasil.

O **Parque Indígena do Xingu** é a principal Terra Indígena da Região Centro-Oeste. Nesse parque, existem 16 povos que falam línguas diferentes, e cada um mantém sua identidade.

Apesar de se situar em uma área muito explorada economicamente e de ocorrerem focos de desmatamento nas proximidades, o Parque Indígena do Xingu ainda se encontra bem preservado e cumpre o papel de assegurar aos indígenas o direito de viver em suas terras, de acordo com seus costumes e seu modo de vida.

Crianças da etnia Terena em apresentação de dança. Campo Grande, MS. Foto de 2015.

Os conflitos pela terra

Nem todos os povos indígenas vivem em terras demarcadas e protegidas. Muitos são pressionados a deixar suas terras por grupos (fazendeiros, por exemplo) que querem explorá-las economicamente. Essa situação frequentemente resulta na expulsão dos indígenas com o uso de violência.

Esses conflitos motivam os grupos indígenas a se organizar para obter a demarcação das Terras Indígenas, como determina a Constituição. Sem essas demarcações, os indígenas ficam desprotegidos das ações de grupos que querem explorar suas terras.

Indígenas Terena e Kadiwéu e integrantes do Movimento dos Trabalhadores Rurais Sem Terra (MST) reivindicam o acesso à terra em Campo Grande, MS. Foto de 2014.

1 A desigualdade de acesso à terra é um problema que se reflete na desigualdade social. Sobre isso, responda: Por que a demarcação das Terras Indígenas é importante para os povos indígenas?

_____

_____

O povoamento do território nas últimas décadas

A Região Centro-Oeste passou a ter maior projeção nacional a partir de 1960, com a fundação de Brasília, cidade planejada e construída para sediar a nova capital do Brasil, antes situada no Rio de Janeiro. Desde sua fundação, como sede do governo federal e do Congresso Nacional (Senado e Câmara dos Deputados), Brasília se destaca por sua função de administrar o território brasileiro.

Brasília é, hoje, uma das cidades com melhor qualidade de vida no país, atraindo um grande número de migrantes. Foto de construção do Palácio do Congresso Nacional em Brasília, DF, cerca de 1958.

Ao longo da história, a população brasileira se concentrou nas proximidades do litoral, deixando pouco povoadas grandes áreas no interior do território.

Assim, uma das justificativas para a transferência da capital federal foi a possibilidade de estimular a migração para as regiões Norte e Centro-Oeste e favorecer a integração delas ao restante do país. Para isso, além da fundação de Brasília, várias estradas foram construídas nessas regiões e houve incentivo para a aquisição de terras, para as atividades agropecuárias e para os extrativismos vegetal e mineral.

Muitos dos atuais habitantes do Centro-Oeste vieram de outras regiões, atraídos por oportunidades criadas com a construção de Brasília, pela oferta de terras a preços baixos e pelo desenvolvimento econômico gerado pelas atividades agropecuárias. Assim, muitas cidades cresceram e outras surgiram nas últimas décadas, acompanhando o desenvolvimento agrícola. Observe os mapas da próxima página.

A área em que está localizado o município de Sinop começou a ser ocupada na década de 1970 por migrantes vindos da Região Sul do Brasil. Sinop, MT. Foto de 2016.

Os mapas mostram que, no período de 1940 a 2014, além da divisão do estado do Mato Grosso do Sul, houve aumento significativo no número de municípios. Esse processo tem relação com o crescimento da população, em grande parte composta de migrantes atraídos pelo desenvolvimento econômico.

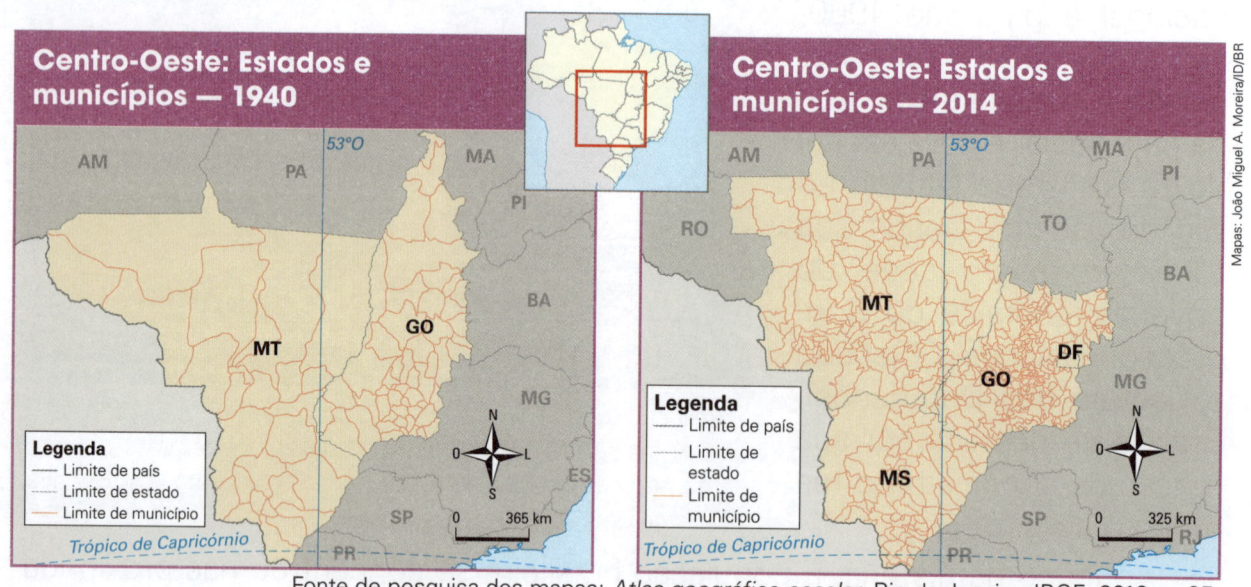

Centro-Oeste: Estados e municípios — 1940

Centro-Oeste: Estados e municípios — 2014

Fonte de pesquisa dos mapas: *Atlas geográfico escolar*. Rio de Janeiro: IBGE, 2016. p. 95.

1 O gráfico abaixo representa a proporção da população **não natural** de cada região brasileira. Com um colega, analise-o e, depois, responda à questão.

Regiões brasileiras: População não natural — 2013

- Norte: 7,5
- Nordeste: 12,4
- Sudeste: 18,1
- Sul: 20,3
- Centro-Oeste: 34,2

(População não natural a cada 100 habitantes)

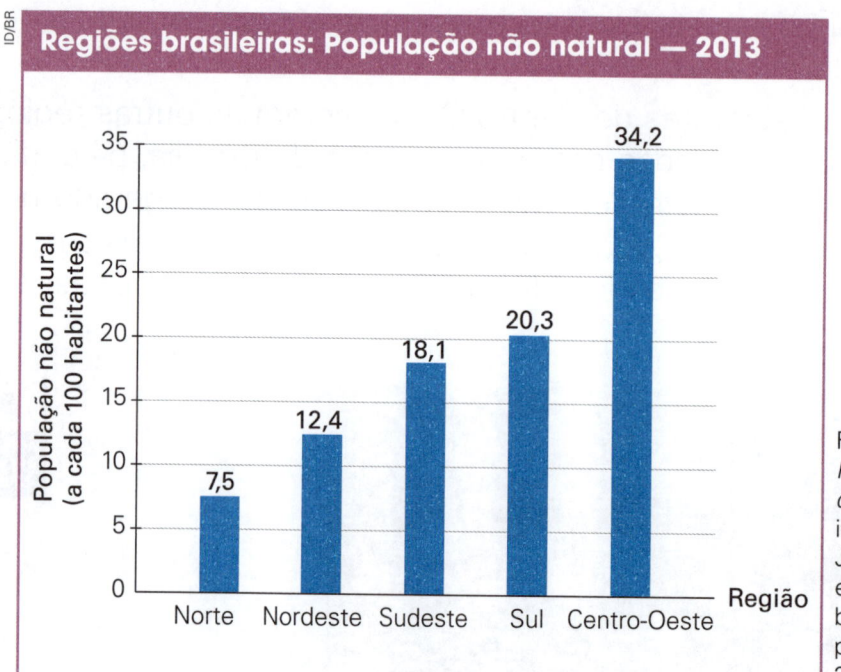

Não natural: que não nasceu no estado em que reside.

Fonte de pesquisa: *Pesquisa nacional por amostra de domicílios*: síntese de indicadores 2013. Rio de Janeiro: IBGE, 2015. Disponível em: <http://biblioteca.ibge.gov.br/visualizacao/livros/liv94414.pdf>. Acesso em: 22 mar. 2017.

- Em 2013, a proporção de moradores não naturais colocava a Região Centro-Oeste em qual posição em relação às demais? O que isso pode revelar sobre a história do povoamento do Centro-Oeste?

O crescimento da urbanização

No Centro-Oeste, existem grandes áreas pouco ocupadas, principalmente a área da floresta Amazônica, no norte de Mato Grosso. As grandes e médias cidades concentram a maior parte da população da região. O Distrito Federal e as capitais Cuiabá (MT), Campo Grande (MS) e Goiânia (GO) constituem as maiores aglomerações de habitantes do Centro-Oeste.

Com quase 3 milhões de habitantes em 2016, Brasília reúne a maior população urbana da região. O grande crescimento dessa cidade tem gerado problemas ambientais, como a poluição de áreas de nascentes, o que leva à queda da qualidade e disponibilidade de água para a população.

A agropecuária é fundamental para a ocupação do território do Centro-Oeste, atraindo migrantes de outras regiões há várias décadas. Mas é nas cidades que vive a maior parte da população da região. Isso mostra que a introdução de máquinas e técnicas modernas tornou a agropecuária menos dependente de mão de obra. A riqueza gerada no campo também favoreceu o desenvolvimento das cidades, que passaram a absorver os trabalhadores do campo e a maior parte dos migrantes. Observe o gráfico a seguir.

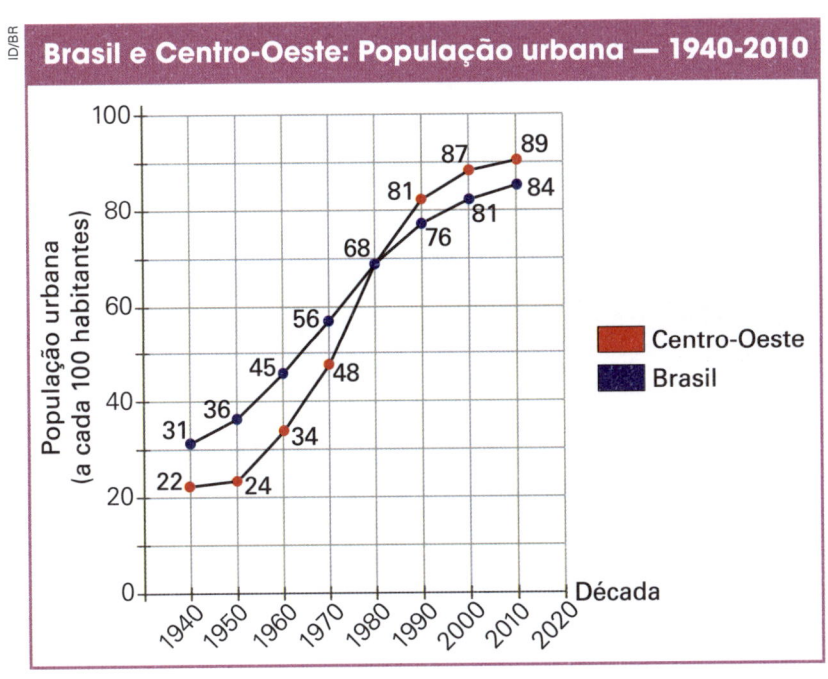

Brasil e Centro-Oeste: População urbana — 1940-2010

É possível perceber que, tanto na Região Centro-Oeste como em todo o Brasil, a população urbana cresceu muito desde 1940. No início da década de 1960, por exemplo, a cada 100 pessoas que viviam no Centro-Oeste, 34 moravam em cidades. No início de 1940, esse número era de 22 pessoas a cada grupo de 100.

Fonte de pesquisa: IBGE. Séries estatísticas. Disponível em: <http://seriesestatisticas.ibge.gov.br/series.aspx?vcodigo=POP122>. Acesso em: 22 mar. 2017.

1 Assinale com um **X** o quadrinho que indica a década em que houve maior crescimento da população urbana no Centro-Oeste.

☐ 1940　　☐ 1970　　☐ 1990　　☐ 2000

2 Por que a população urbana cresceu tanto no Centro-Oeste?

Vamos ler imagens!

Perfil topográfico

O relevo da superfície terrestre pode ser representado de diferentes maneiras. Uma delas é o **perfil topográfico**. Nesse tipo de representação gráfica, o relevo é mostrado de lado ou, como indica o nome, de perfil, o que permite ver as variações de altitude e as formas do relevo de trechos da superfície.

O perfil topográfico é feito com base em um mapa físico. Primeiro, são estabelecidos os pontos inicial e final em um determinado trecho da superfície mapeada. Depois, é traçada uma linha reta unindo esses pontos. Geralmente, esses pontos são indicados por letras (A, B, C, etc.) ou números (1, 2, 3, etc.).

Veja um mapa físico do Brasil e o perfil topográfico de um trecho do relevo.

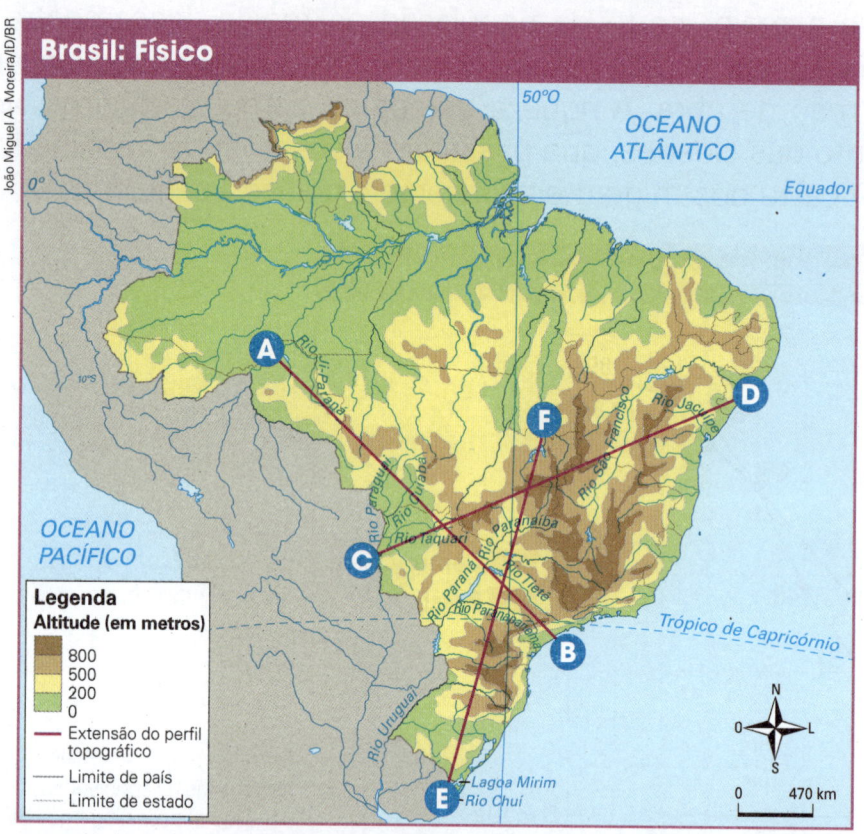

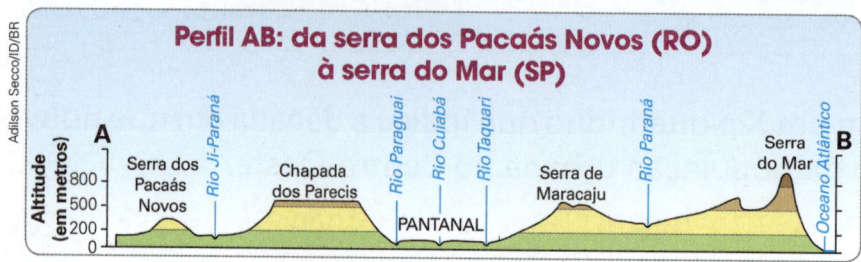

Brasil: Físico

Legenda
Altitude (em metros)
- 800
- 500
- 200
- 0
- Extensão do perfil topográfico
- Limite de país
- Limite de estado

Perfil AB: da serra dos Pacaás Novos (RO) à serra do Mar (SP)

Serra dos Pacaás Novos — Rio Ji-Paraná — Chapada dos Parecis — Rio Paraguai — Rio Cuiabá — Rio Taquari — PANTANAL — Serra de Maracaju — Rio Paraná — Serra do Mar — Oceano Atlântico

Fonte de pesquisa do mapa e do perfil: Gisele Girardi e Jussara Vaz Rosa. *Atlas geográfico do estudante*. São Paulo: FTD, 2016. p. 58.

Ao ler um perfil topográfico, é preciso atentar-se às seguintes informações: Quais são os pontos inicial e final do perfil? Quais elementos naturais estão representados? Quais são as áreas mais elevadas e as mais baixas? Elas estão próximas ou distantes entre si? Há desníveis entre as áreas?

Agora é a sua vez

Observe novamente o mapa físico da página anterior e as linhas retas que ligam os pontos **CD** e **EF**. Elas dão origem a outros dois perfis topográficos de trechos do relevo brasileiro, representados abaixo. Observe-os e, em seguida, responda às questões.

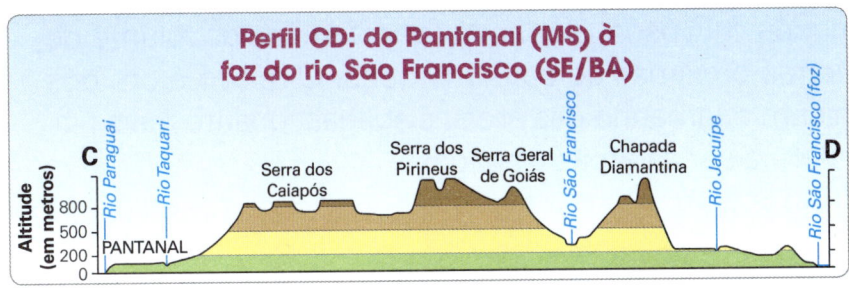

Perfil CD: do Pantanal (MS) à foz do rio São Francisco (SE/BA)

Perfil EF: do arroio Chuí (RS) à chapada dos Veadeiros (GO)

Fonte de pesquisa dos perfis: Gisele Girardi e Jussara Vaz Rosa. *Atlas geográfico do estudante.* São Paulo: FTD, 2016. p. 58-59.

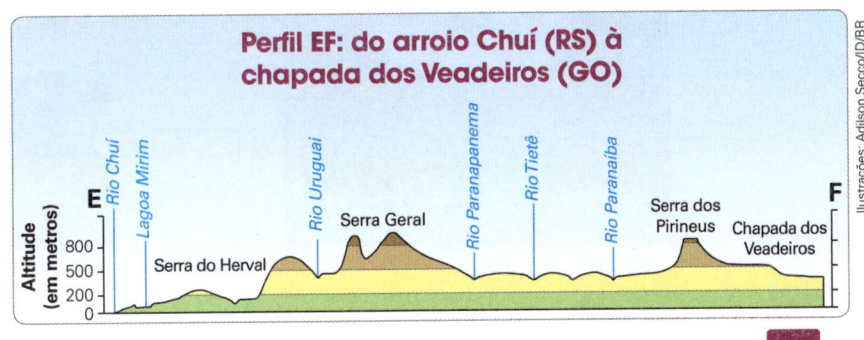

1 Quais são os pontos mais elevados no perfil **CD**? E no perfil **EF**?

2 Ligue os perfis a uma forma de relevo específica que ocorre em cada um deles.

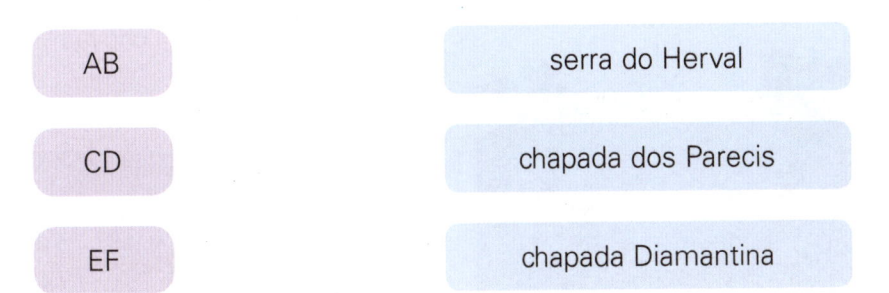

AB	serra do Herval
CD	chapada dos Parecis
EF	chapada Diamantina

3 Sobre o relevo do Pantanal, marque com um **X** as alternativas corretas.

a. Em qual ou em quais dos perfis apresentados ele aparece?
☐ AB   ☐ CD   ☐ EF

b. Em qual faixa de altitude ele se localiza?
☐ de 0 a 200 metros   ☐ de 500 a 800 metros
☐ de 200 a 500 metros   ☐ mais de 800 metros

Aprender sempre

1 Leia o texto abaixo e observe as imagens para responder à questão.

> Boa parte do relevo do Pantanal é formada por terrenos planos, que são cortados por diversos rios. A ocorrência de verões chuvosos e invernos secos faz com que a paisagem mude bastante nessas estações.
>
> Durante os períodos chuvosos, os rios apresentam maior volume de água e alagam as terras próximas de suas margens. O relevo é um dos fatores que determinam o tamanho das áreas alagadas: quanto mais plano for, maiores tendem a ser as áreas alagadas.

Texto para fins didáticos.

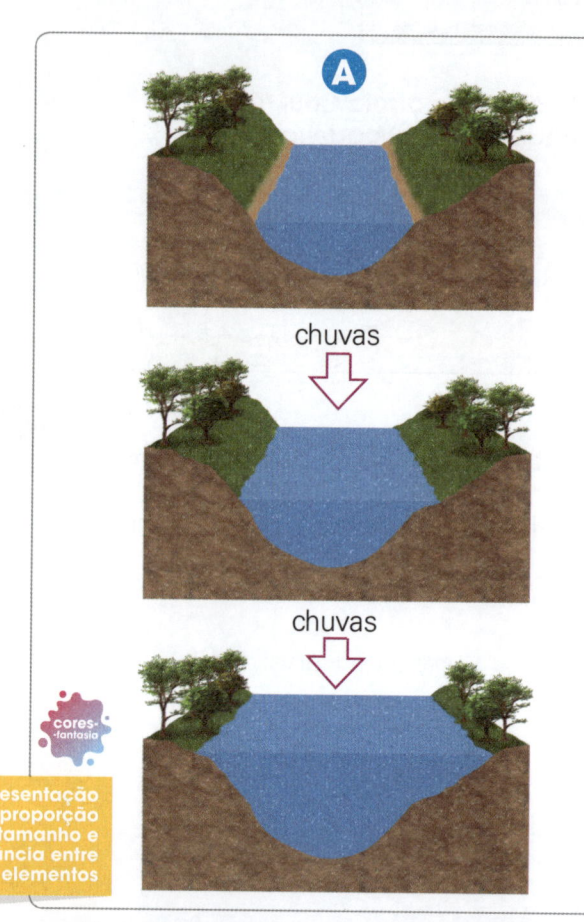

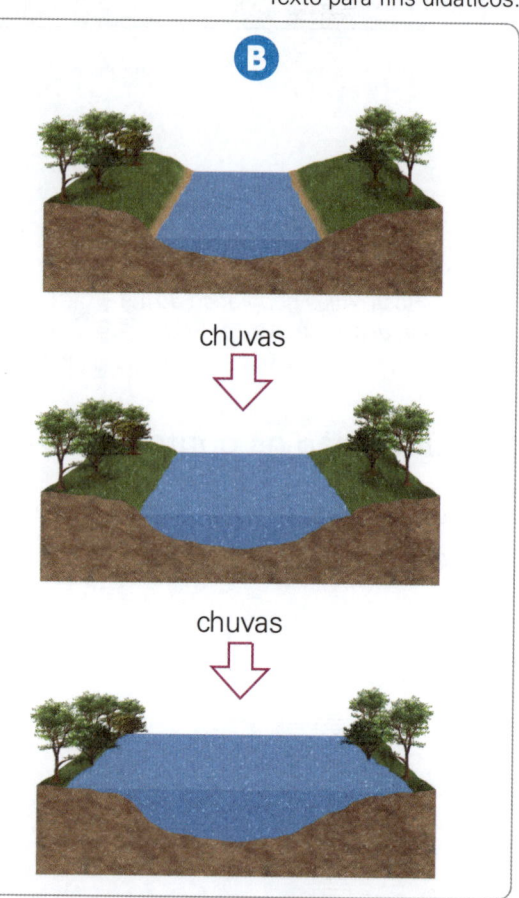

A / **B**

chuvas ⇩

cores-fantasia

Representação sem proporção de tamanho e distância entre os elementos

Fonte de pesquisa: Antônio José T. Guerra e Sandra B. da Cunha (Org). *Geomorfologia*: uma atualização de bases e conceitos. Rio de Janeiro: Bertrand Brasil, 2015. p. 212-214.

■ Qual das duas sequências poderia representar uma paisagem do Pantanal, descrita no texto acima? Explique.

2 Relacione a construção de Brasília com o povoamento do Centro-Oeste.

3 Observe o mapa a seguir e, com um colega, faça o que se pede.

Região Centro-Oeste: Vegetação natural

Legenda
Vegetação natural
- Floresta Amazônica
- Mata Atlântica
- Cerrado
- Campos
- Complexo do Pantanal (Cerrado e campos inundáveis)
- ⊛ Capital de país
- Limite de país
- Limite de estado

Fonte de pesquisa: Gisele Girardi e Jussara Vaz Rosa. *Atlas geográfico do estudante*. São Paulo: FTD, 2016. p. 64.

a. Que tipo de vegetação predomina no Centro-Oeste?

___

b. Que outras formações vegetais são encontradas nessa região?

___

c. Como a expansão das áreas em que se desenvolve a agropecuária pode afetar a vegetação do Centro-Oeste?

___

d. Além da rica vegetação, há muitas espécies de animais que vivem nas áreas do cerrado. Escolham uma espécie animal que é encontrada nessas áreas e façam uma pesquisa para descobrir as características desse animal e os aspectos da formação vegetal importantes para a vida dele. Pesquisem também as maiores ameaças à sobrevivência da espécie escolhida. Em uma folha avulsa, anotem todas as informações que vocês descobriram. Depois, elaborem um texto sobre a importância de proteger as áreas do cerrado e os animais que lá vivem.

CAPÍTULO 10

A Região Nordeste

Ao pensar na Região Nordeste, que imagens vêm a sua cabeça? São imagens de praias bonitas, grandes plantações de uvas e outras frutas, de seca e árvores sem folhas? De muito turismo, grandes festas tradicionais? Ou de canaviais e áreas de mata?

Se você considerou qualquer uma dessas hipóteses, tudo bem! Os nove estados que formam a região apresentam uma grande variedade cultural, de paisagens e de atividades econômicas. Observe as paisagens retratadas a seguir.

Cachoeira Recanto das Orquídeas, em Ibicoara, BA. Foto de 2015.

Parque Nacional da Serra da Capivara, em São Raimundo Nonato, PI. Foto de 2015.

Turistas na praia de Galés, em Maragogi, AL. Foto de 2017.

Plantações nas margens do rio São Francisco, no limite entre Petrolina, PE, e Juazeiro, BA. Foto de 2015.

▶ Qual das paisagens acima mais chamou a sua atenção? Por quê?

▶ Que atividades você acha que são desenvolvidas em cada um desses locais no Nordeste?

▶ Você se recorda de alguma notícia recente sobre essa região? Em caso afirmativo, qual era o assunto? Compartilhe as informações com os colegas.

Aspectos gerais

A Região Nordeste é formada pelos seguintes estados: Alagoas, Bahia, Ceará, Maranhão, Paraíba, Pernambuco, Piauí, Rio Grande do Norte e Sergipe. Todos eles são banhados pelo oceano Atlântico. Com exceção de Teresina, capital do Piauí, todas as capitais localizam-se no litoral.

A maior parte da Região Nordeste apresenta temperaturas elevadas no decorrer do ano. Porém, aspectos como vegetação, umidade e atividades econômicas são responsáveis por variações significativas nas paisagens.

Veja nos mapas a seguir como os tipos de vegetação e a umidade se distribuem de modo distinto nessa região.

Região Nordeste: Limites políticos

Fonte de pesquisa: *Atlas geográfico escolar*. Rio de Janeiro: IBGE, 2016. p. 90.

Região Nordeste: Vegetação natural

Fonte de pesquisa: Gisele Girardi e Jussara Vaz Rosa. *Atlas geográfico do estudante*. São Paulo: FTD, 2016. p. 64.

Região Nordeste: Distribuição da umidade

Fonte de pesquisa: *Atlas nacional do Brasil Milton Santos*. Rio de Janeiro: IBGE, 2010. p. 77.

1 Em 1500, quando navegantes portugueses chegaram às terras que dariam origem ao Brasil, o desembarque ocorreu em um local da atual Região Nordeste onde, nos anos seguintes, foram instalados alguns dos principais núcleos de colonização.

- Reúna-se com um colega. Elaborem uma hipótese relacionando a colonização portuguesa ao fato de, hoje, a maioria das capitais dos estados nordestinos situar-se no litoral. Compartilhem a hipótese com a turma.

As sub-regiões

A Região Nordeste apresenta grande diversidade. Assim, para facilitar o estudo das especificidades que caracterizam diferentes áreas do Nordeste, seu território foi regionalizado em quatro sub-regiões: **Zona da Mata**, **Agreste**, **Sertão** e **Meio-Norte**. Observe o mapa ao lado.

Região Nordeste: Sub-regiões

Fonte de pesquisa: Manuel Correia de Andrade. *A terra e o homem no Nordeste*. 8. ed. São Paulo: Cortez, 2011. p. 320.

Zona da Mata

Situada em uma faixa do litoral nordestino, entre os estados do Rio Grande do Norte e da Bahia, a Zona da Mata apresenta como característica marcante o clima quente com períodos de grande umidade.

Essa umidade, proveniente da evaporação das águas do oceano Atlântico, é trazida pelos ventos e favoreceu o desenvolvimento da Mata Atlântica, também presente nas regiões Sudeste e Sul. É devido à presença da Mata Atlântica, hoje bastante devastada, que essa sub-região é denominada Zona da Mata.

O quadro natural da Zona da Mata apresenta ainda solos bastante férteis, muito aproveitados para a agricultura, atividade econômica desenvolvida desde a colonização portuguesa.

Trecho de Mata Atlântica na Zona da Mata. Jaboatão dos Guararapes, PE. Foto de 2017.

Plantação de cana-de-açúcar em São José do Mipibu, RN. Foto de 2014.

O predomínio do relevo plano na Zona da Mata facilitou sua ocupação e favoreceu a instalação de fazendas nas áreas rurais e a construção de edificações nas áreas urbanas.

Condições naturais favoráveis, somadas ao fato de a colonização portuguesa ter se iniciado pelo litoral, foram fundamentais para que a Zona da Mata se tornasse a mais populosa e urbanizada sub-região nordestina.

Na atualidade, o desenvolvimento econômico da Zona da Mata está ligado principalmente às atividades portuárias e industriais. O setor de serviços se beneficia com o grande número de turistas, de todo o Brasil e de outros países, atraídos pelas praias e pelas manifestações culturais da região.

Lagoa do Paraíso, em Jijoca de Jericoacoara, CE. Foto de 2016.

Vista aérea do polo petroquímico de Camaçari, BA. Foto de 2015.

Vista aérea do porto de Suape, em Ipojuca, PE. Foto de 2014.

1 A Mata Atlântica é a principal vegetação natural da Zona da Mata. Compare os mapas da página 115, que mostram a vegetação natural da Região Nordeste e a distribuição da umidade, e responda às questões.

a. Quais condições de umidade caracterizam a Zona da Mata?

b. Podemos afirmar que há uma relação entre as condições de umidade e o tipo de vegetação natural que ocorre na Zona da Mata? Por quê?

Sertão

O Sertão é a maior sub-região do Nordeste e em seu quadro natural destaca-se o **clima semiárido**, que se caracteriza por altas temperaturas e longos períodos do ano sem chuva.

A escassez de umidade favorece a presença de vegetação da **caatinga**, formada por espécies de plantas com características que permitem que elas sobrevivam ao calor, à aridez do solo e ao ar seco.

A vegetação da caatinga é formada por cactos, arbustos e capins, que ficam ressecados e sem folhas durante a estiagem. No período de chuvas, o verde das plantas reaparece. Serra da Capivara, PI. Foto de 2015.

Como os rios brasileiros são abastecidos principalmente pela água das chuvas, durante os longos períodos de escassez de chuva no Sertão nordestino, parte dos rios que banham essa sub-região seca temporariamente. Por esse motivo, esses rios são chamados de **rios temporários**.

O açude Cocorobó é formado pelo represamento do Vaza-Barris, um rio temporário. À esquerda, vemos o açude no período seco e, à direita, no período chuvoso. Canudos, BA. Fotos de 2013.

O predomínio de solos ressecados e pedregosos e os períodos em que os rios temporários secam dificulta a vida no Sertão. Assim, é marcante a importância do rio São Francisco, que corta o semiárido nordestino sem secar e é a principal fonte de água do Sertão. Além de ser um meio de transporte, suas águas são utilizadas para gerar energia, irrigar plantações e abastecer a população de várias cidades e as criações de animais.

Trecho do rio São Francisco em Delmiro Gouveia, AL. Foto de 2016.

Agricultura irrigada em Custódia, no sertão de Pernambuco. Foto de 2018.

Na zona rural, muitos sertanejos vivem da agricultura familiar e da criação de pequenos rebanhos. As secas prolongadas tornam mais difícil a vida da população de baixa renda, que muitas vezes perde plantações e animais, ficando sem suas fontes de alimento e de renda. Por isso, a seca é considerada responsável direta pela pobreza que atinge grande parte do Sertão, levando muitas famílias a migrar para a Zona da Mata ou para outras regiões do Brasil.

Porém, a pobreza não pode ser atribuída exclusivamente à seca. Na verdade, é a pobreza que dificulta o acesso aos meios de combater os efeitos da seca. Se todos tivessem acesso à água por meio de poços, canais artificiais, cisternas e sistemas de irrigação, essa situação deixaria de ser um problema tão recorrente.

Ao longo de muitas décadas, a seca serviu como pretexto para representantes políticos e da elite reivindicarem recursos governamentais para socorrer os mais necessitados. Mas, na prática, esses investimentos beneficiavam os grandes proprietários. Essa prática ficou conhecida como **indústria da seca**.

Contudo, o Sertão não é apenas local de seca e pobreza. Existe desenvolvimento econômico gerado pela produção de frutas de ótima qualidade, vendidas para todo o Brasil e exportadas para outros países. Mas essa produção só é possível com a utilização de técnicas de irrigação e de melhoria do solo.

2 Por que a vegetação da caatinga consegue sobreviver às secas?

3 Relacione a seca no Sertão à migração de famílias dessa sub-região para a Zona da Mata ou para outras regiões brasileiras.

4 Uma das principais ações do governo federal para combater a seca no Sertão nordestino é a obra de transposição do rio São Francisco, que leva água do rio até o Sertão. Reúna-se com dois colegas para discutir esta questão: Vocês acham que esse tipo de ação pode ajudar as famílias mais pobres a permanecer no Sertão? Por quê?

Agreste

O Agreste é uma área intermediária entre o litoral úmido (Zona da Mata) e o interior de clima semiárido (Sertão). Por isso, essa sub-região apresenta tanto áreas mais úmidas, ocupadas por matas, como áreas de clima semiárido, em que há ocorrência de espécies vegetais típicas da caatinga.

No Agreste, há também terrenos situados em formações de relevo mais elevado, como o planalto da Borborema, onde as temperaturas são inferiores às registradas em altitudes mais baixas.

Morros do planalto da Borborema. Currais Novos, RN. Foto de 2014.

Entre as atividades econômicas desenvolvidas no Agreste, destaca-se a agropecuária, que fornece alimentos para todo o Nordeste brasileiro. A produção agrícola e a criação de gado voltadas para a subsistência também estão muito presentes. Os principais produtos cultivados são o feijão, o milho, o algodão e a mandioca. Na pecuária, destacam-se os gados bovino e caprino como fonte de carne, leite e couro.

No Agreste, há áreas urbanas importantes. Campina Grande, na Paraíba, Garanhuns, em Pernambuco, Vitória da Conquista e Feira de Santana, ambas na Bahia, são algumas das principais cidades dessa sub-região.

Vista aérea do bairro de Santa Mônica, na cidade de Feira de Santana, BA. Foto de 2017.

5 A sub-região do Agreste apresenta áreas mais úmidas e áreas mais secas. Explique a existência dessas áreas diferentes nessa sub-região.

Meio-Norte

A sub-região do Meio-Norte abrange parte dos estados do Maranhão e do Piauí e fica entre a Região Norte do Brasil e o Sertão nordestino. Portanto, o Meio-Norte limita-se a oeste com a Amazônia, de clima bastante úmido, e a leste com a caatinga, onde predomina a baixa umidade do clima semiárido.

Com aspectos naturais próprios, a vegetação é um dos principais elementos que caracterizam o Meio-Norte. Ela é conhecida como **mata dos cocais** e nela predominam palmeiras como o babaçu, a carnaúba, o buriti e o açaí. Essas plantas fornecem ceras, fibras, sementes e polpas, utilizadas na produção de inúmeros produtos, como alimentos, cosméticos e materiais de limpeza.

Trecho de vegetação típica da mata dos cocais. Ilha Grande de Santa Isabel, PI. Foto de 2014.

A agricultura e a pecuária também são atividades importantes nessa sub-região. Além do cultivo do arroz, da mandioca, do milho e da banana, há plantios de soja, que se expandem da Região Centro-Oeste do Brasil às terras do Meio-Norte. Esses plantios favorecem o desenvolvimento econômico, mas também geram desmatamento.

Plantio mecanizado de soja em Bom Jesus, PI. Foto de 2014.

A presença de duas capitais de estado, Teresina (PI) e São Luís (MA), confere importância política e econômica ao Meio-Norte.

6 De que modo a vegetação típica do Meio-Norte pode ser utilizada para fins econômicos?

7 Cite uma vantagem e uma desvantagem relacionada ao avanço dos plantios de soja nas terras do Meio-Norte.

Vamos ler imagens!

Xilogravuras

Você já ouviu falar em cordel? São versos escritos por poetas populares, que contam histórias sobre pessoas famosas e fatos conhecidos ou imaginados e também aventuras.

Esse tipo de literatura é comum na Região Nordeste e foi trazido pelos portugueses. Os livretos de cordel são ilustrados com xilogravuras.

Livretos de cordel à venda em Recife, PE. Foto de 2017. As imagens da capa são xilogravuras.

A xilogravura é uma gravura feita com base em um molde de madeira, que possibilita a produção de várias cópias. Nesse processo, o artista entalha na madeira, em alto-relevo, a figura que será impressa. Na foto, homem produzindo xilogravura em Bezerros, PE, 2012.

Ler uma xilogravura significa mergulhar no universo da **cultura sertaneja** e encontrar, muitas vezes, contextos com diferentes referências culturais. Os traços e os tipos de figura ilustrados em uma xilogravura são carregados de muito simbolismo e das histórias de vida das pessoas que vivem no interior do Nordeste. Observe abaixo uma xilogravura do pernambucano J. Borges, um dos mais famosos artistas desse tipo de arte.

Cultura sertaneja: costumes, tradições e modo de vida da população do Sertão.

Elementos bastante presentes no cotidiano dos sertanejos estão representados, como o mandacaru, uma espécie de cacto, e um jumento, animal muito utilizado em trabalhos diversos (substituído cada vez mais por motos e máquinas agrícolas).

O título da gravura e o autor estão indicados na borda inferior da imagem.

Os diversos elementos coloridos, como a vegetação e as roupas das personagens, demonstram a ligação do autor com a vida no Sertão.

Agora é a sua vez

Observe atentamente as xilogravuras abaixo e, depois, responda às questões.

A FORRÓ SERTANEJO — J. Borges/Acervo do artista

B OS BOIADEIROS — J. Borges/Acervo do artista

1 Em qual xilogravura cada um dos elementos a seguir foi representado? Anote **A** ou **B** em cada quadrinho.

☐ dança ☐ boiada ☐ cactos ☐ sanfona

2 Que manifestação cultural popular do Nordeste foi apresentada na xilogravura **A**?

- O texto a seguir é sobre essa manifestação cultura nordestina. Leia-o e, depois, responda às questões.

> Sua dança tão criativa, cheia de requebros [...] traduz o estado de espírito alegre e participativo de sua gente, nas suas mais diversas manifestações e nos seus momentos mais festivos.
>
> Renato P. C. da Câmara. Forró: identidade nordestina. Disponível em: <http://www.fundaj.gov.br/geral/folclore/forroidentidade.pdf>. Acesso em: 18 jan. 2018.

A xilogravura **A** retrata as características dessa manifestação cultural apresentadas no texto? Explique. Quais outras características dessa tradição são representadas na imagem?

3 Sobre a xilogravura **B**, responda:

a. Quais elementos foram coloridos na cena representada? Em sua opinião, qual foi a intenção do artista ao destacar esses elementos?

b. Quais elementos da vegetação foram representados? Ele são típicos de que tipo de vegetação? Em que sub-região do Nordeste essa vegetação ocorre?

c. De acordo com a xilogravura, como a atividade dos boiadeiros é realizada?

Aprender sempre

1 A maior parte da população nordestina se concentra na Zona da Mata, enquanto a menor parte localiza-se no Sertão. Por que isso acontece?

_____

_____

2 Como vimos, o Sertão não é apenas um local de seca e pobreza. A produção de frutas, que são vendidas para todo o Brasil e também para outros países, vem trazendo desenvolvimento econômico. Com base nesse exemplo, responda às questões a seguir.

Fruticultura irrigada em Petrolina, PE. Foto de 2015.

a. Que técnicas possibilitam o cultivo agrícola nas áreas semiáridas do Sertão? Cite alguns exemplos.

_____

_____

b. Todos os moradores do Sertão têm acesso a essas técnicas? Em sua opinião, é importante ampliar esse acesso? Por quê?

_____

_____

3 Observe a ilustração abaixo, que representa o perfil do relevo em um trecho da Região Nordeste. Depois, leia o texto e resolva as questões.

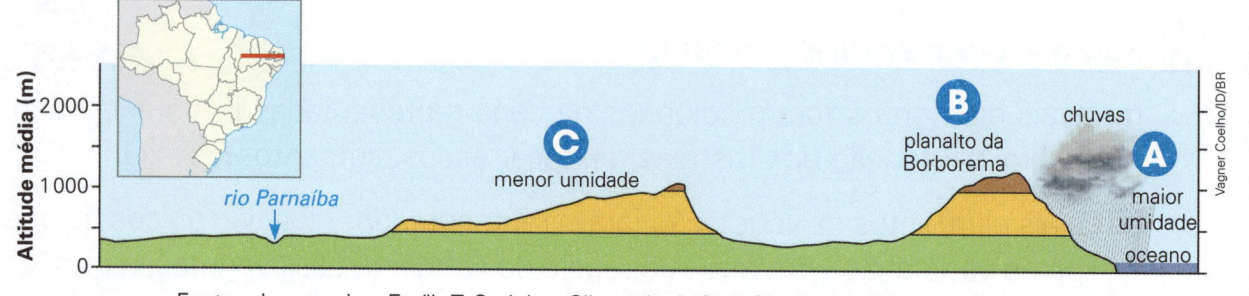

Altitude média (m): 2000, 1000, 0
rio Parnaíba
C menor umidade
B planalto da Borborema
chuvas
A maior umidade
oceano

Fontes de pesquisa: Ercília T. Steinke. *Climatologia fácil*. São Paulo: Oficina de Textos, 2012. p. 78-79; Jurandyr L. Ross (Org.). *Geografia do Brasil*. 6. ed. São Paulo: Edusp. 2011. p. 55.

O relevo pode ser uma barreira natural às chuvas. Se os ventos úmidos, em seu deslocamento desde o oceano, encontram morros ou montanhas, eles sobem para transpor o relevo e se resfriam. Isso provoca a condensação desses ventos, ocasionando chuvas. Assim, eles perdem umidade e, geralmente, quando atingem o outro lado, já não provocam chuvas. Esse fenômeno ocorre no planalto da Borborema e é um fator que contribui para a ocorrência do clima semiárido no interior do Nordeste.

Texto para fins didáticos.

a. Relacione cada letra do perfil ilustrado na página ao lado com uma destas sub-regiões nordestinas: Sertão, Agreste e Zona da Mata.

b. Segundo o texto, como o planalto da Borborema influencia o clima da área indicada pela letra **C**?

4 Forme um trio com os colegas. Depois, leiam o texto abaixo e respondam às questões.

Manifestações da cultura nordestina, como a capoeira, o frevo, o repente, o cordel e os pratos típicos, como o baião de dois, a tapioca e o vatapá, além de muitos outros elementos característicos da Região Nordeste, estão presentes em todo o país.

A condição de pobreza de parte dos nordestinos, principalmente nas áreas atingidas por secas rigorosas, foi a principal razão para que, historicamente, muitas famílias decidissem tentar a sorte em outras regiões do país. Isso não quer dizer que não gostassem do lugar de origem e de sua cultura, pois o modo de vida nordestino acompanhou esses migrantes.

Texto para fins didáticos.

a. Vocês conhecem as manifestações culturais mencionadas no texto? Façam uma pesquisa e compartilhem as informações encontradas.

b. A preservação de costumes e de estilos de vida é importante para a identidade das pessoas que saem de seus lugares de origem para viver em outras regiões? Por quê? Conversem com os colegas e compartilhem suas conclusões com a turma.

CAPÍTULO 11

A Região Sudeste

A Região Sudeste apresenta alto nível de urbanização e concentra algumas das maiores cidades do país. Um dos muitos desafios enfrentados nesses grandes centros urbanos afeta diretamente as crianças: os espaços reservados para brincar estão diminuindo.

As cidades são cada vez mais destinadas à circulação de carros. As calçadas e praças, que deveriam ser espaços ocupados por pedestres, são usadas para outras finalidades. Então, como as crianças brincam em uma grande cidade? Leia, no texto abaixo, a opinião da pesquisadora Lydia Hortélio sobre isso.

> A gente saiu da natureza para morar nas cidades, com espaços cada vez menores, os quintais desapareceram, a maioria das pessoas mora em apartamentos, os quartos das crianças são menores e elas não vão ao *playground* porque têm televisão e computador em casa.
>
> Quando um menino está à beira do mar, ele tem a água pra brincar ou a areia pra rolar. Se está no campo, tem uma árvore pra subir. Ele passa por desafios que vão restituir o sentimento do corpo, que é o que se perdeu.

Projeto Criança e Consumo. *Criança e consumo entrevistas*, v. 5: a importância do brincar. São Paulo: Instituto Alana, 2010. Disponível em: <http://criancaeconsumo.org.br/wp-content/uploads/2014/02/Criança-e-Consumo-Entrevistas-Vol-5.pdf>. Acesso em: 14 nov. 2017.

▶ Segundo o texto, o que dificulta as brincadeiras nas cidades? E o que o contato com a natureza nas brincadeiras pode proporcionar às crianças?

▶ As crianças brincam nos mais diferentes lugares, mesmo que eles apresentem dificuldades. Quais brincadeiras podem ser realizadas em grandes cidades como as metrópoles do Sudeste?

Aspectos gerais

A Região Sudeste é formada pelos quatro estados em destaque no mapa ao lado.

É a região com maior desenvolvimento econômico do país e com grande número de empresas. Essa característica atraiu migrantes de várias partes do Brasil e de outros países.

Observe o gráfico ao lado. Ele indica que mais da metade do valor de tudo o que é produzido no Brasil é gerado na Região Sudeste.

Predomina na região o clima tropical, com chuvas concentradas no verão e os invernos secos.

O relevo é irregular e permite o aproveitamento de vários rios para a geração de energia elétrica, que abastece a numerosa população e o grande número de empresas da região. É o caso dos rios Paraná, Paranapanema, Tietê e Grande, que, em certos trechos, correm sobre áreas do relevo com inclinações que favorecem a construção de usinas hidrelétricas.

Região Sudeste: Limites políticos

Fonte de pesquisa: *Atlas geográfico escolar*. 7. ed. Rio de Janeiro: IBGE, 2016. p. 90.

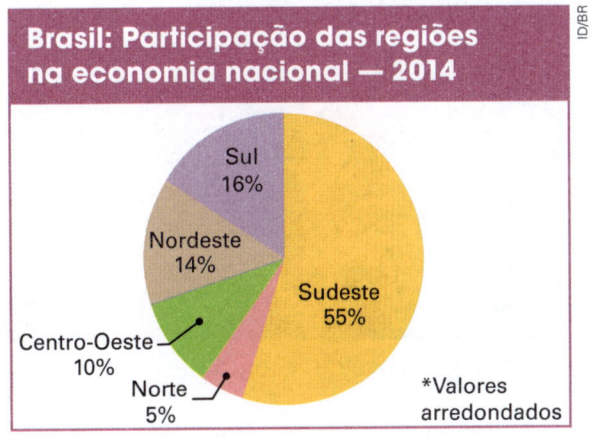

Brasil: Participação das regiões na economia nacional — 2014

- Sudeste 55%
- Sul 16%
- Nordeste 14%
- Centro-Oeste 10%
- Norte 5%

*Valores arredondados

Fonte de pesquisa: *Contas regionais do Brasil*: 2010-2014. Rio de Janeiro: IBGE, 2016. Disponível em: <http://biblioteca.ibge.gov.br/visualizacao/livros/liv98881.pdf>. Acesso em: 27 mar. 2017.

A energia gerada nas hidrelétricas é utilizada em diversas atividades econômicas e no cotidiano da população. Usina hidrelétrica no rio Paranapanema. Rosana, SP. Foto de 2014.

1 Cite dois aspectos importantes que caracterizam a Região Sudeste.

2 O relevo nessa região favorece a produção de qual tipo de energia? Essa energia é destinada a quais usos?

Economia

O atual nível de desenvolvimento econômico da Região Sudeste resulta do processo de industrialização. Foi a multiplicação de indústrias ao longo do século 20 (1901 a 2000) que possibilitou a atração de migrantes para essa região e a ampliação das atividades de comércio e de serviços para atender à população crescente.

Essas atividades tornaram-se, nos dias de hoje, a principal fonte de riquezas não só dessa região, mas de todo o Brasil.

Galpões de fábrica de automóveis em Betim, MG. Foto de 2015.

Além das indústrias, do comércio e dos serviços, a agropecuária também é uma atividade importante no Sudeste. Em muitas propriedades, pequenas e médias, são produzidos alimentos para abastecer a população das cidades ou matérias-primas para as indústrias brasileiras.

Há também produção de carne bovina e de gêneros agrícolas, como laranja, soja, milho, café e cana-de-açúcar, realizada em grandes propriedades e destinada à exportação para diversas partes do mundo.

1 Como se explica a relação entre a industrialização e o crescimento das atividades comerciais e de prestação de serviços? Em trio, converse com os colegas e registre a resposta.

Grandes cidades e problemas urbanos

As duas maiores metrópoles nacionais encontram-se no Sudeste: São Paulo e Rio de Janeiro. Vivem nessas cidades (e nas cidades vizinhas) milhões de habitantes. Elas concentram muitas indústrias e empresas prestadoras de serviços e influenciam outros lugares do Brasil de diversas formas: pela atração de migrantes e visitantes em função de oportunidades e eventos, pelos hábitos culturais veiculados pelas emissoras de televisão, entre outras.

Apesar de haver muitas empresas nas grandes cidades, o desenvolvimento econômico que elas geram não beneficia a todos. Grande parcela da população vive com baixos rendimentos e há falta de oferta de serviços essenciais (transporte, educação, saúde, água tratada, esgoto) nos bairros mais pobres.

Vista aérea da favela Morro do Papagaio e de edifícios de classe média ao fundo. Belo Horizonte, MG. Foto de 2015.

A desigualdade social é visível na paisagem. Nota-se a presença de moradias em condições precárias, como nas favelas, contrastando com moradias com boa infraestrutura. Há bairros sem asfaltamento, sem área verde e de lazer, enquanto outros têm praças, ruas arborizadas e asfaltadas e boa oferta de serviços. Problemas de mobilidade urbana, como grandes congestionamentos e transporte público insuficiente e de má qualidade também são comuns.

1 São Paulo é a maior metrópole brasileira. Converse com os colegas para indicar exemplos de influências econômicas e culturais que essa metrópole pode exercer sobre as cidades vizinhas e outras localidades do país.

2 O aumento da população nas grandes cidades é resultado da atração exercida pela oferta de oportunidades econômicas e boas condições de infraestrutura. É possível afirmar que a maior parte da população das metrópoles do Sudeste usufrui do desenvolvimento econômico gerado nelas?

Natureza e problemas ambientais

O **cerrado** e a **Mata Atlântica** são os tipos de vegetação natural predominantes na Região Sudeste. O cerrado está presente nos estados de São Paulo e de Minas Gerais, ocupando áreas em que a estação seca é mais prolongada. A Mata Atlântica encontra-se em áreas litorâneas e nos locais onde as chuvas são mais frequentes.

Originalmente, a Mata Atlântica ocupava a maior parte da costa brasileira, do Rio Grande do Norte ao Rio Grande do Sul. Mas, ao longo do tempo, foi devastada devido à extração do pau-brasil e ao cultivo de cana-de-açúcar, de café e de outros produtos. Hoje, existem apenas pequenos trechos da mata original, e o que restou continua sendo desmatado para a expansão das cidades.

A expansão das áreas urbanas é hoje uma das principais causas do desmatamento na Mata Atlântica. Serra, ES, 2016.

Região Sudeste: Vegetação original

Legenda:
- Caatinga
- Cerrado
- Mata Atlântica
- Mata de araucárias
- Vegetação litorânea
- Limite de estado

Fonte de pesquisa: Gisele Girardi e Jussara Vaz Rosa. *Atlas geográfico do estudante*. São Paulo: FTD, 2016. p. 64.

Região Sudeste: Vegetação atual

Legenda:
- Caatinga
- Cerrado
- Mata Atlântica
- Vegetação litorânea
- Contato entre tipos de vegetação
- Área desmatada
- Limite de estado

Fonte de pesquisa: *Atlas geográfico escolar*. 7. ed. Rio de Janeiro: IBGE, 2016. p. 100.

1 Compare os mapas acima e responda às questões a seguir.

a. Que transformações ocorreram na cobertura vegetal da Região Sudeste?

b. É possível estabelecer alguma ligação entre o desenvolvimento econômico e o processo apontado na questão anterior?

A Região Sudeste enfrenta muitos problemas ambientais. A intensa atividade econômica desenvolvida nessa região e a grande concentração de população geram grande quantidade de **resíduos industriais** e **domésticos**, responsáveis pela poluição das águas da região. Além disso, no litoral da região ocorrem atividades de exploração de petróleo, com risco de vazamento, capazes de causar grandes impactos ambientais.

Poluição na baía de Guanabara, em São Gonçalo, RJ. Foto de 2015.

O Sudeste também concentra atividades de mineração, que apresentam riscos de contaminação do solo e das águas. Em 2015, um grande acidente ambiental despertou a sociedade e o poder público para esses riscos.

2 Leia o texto a seguir e, em dupla, responda às questões propostas.

Um manancial que já é um dos mais degradados de Minas, sofrendo com a estiagem e a superexploração, agora é assolado por milhões de metros cúbicos de rejeitos de mineração, entulho, galhos, sujeira, animais e peixes mortos. Essa é a dupla agonia enfrentada pelo Rio Doce, historicamente pressionado por esgoto, assoreamento e desmatamento que passa a enfrentar a onda de lama liberada pelo rompimento de barragens da Samarco em Mariana. [...]

Peixes mortos às margens do rio Doce em Resplendor, MG. Foto de 2015.

Lama de mineração acelera degradação do já poluído Rio Doce. *Estado de Minas*, 10 nov. 2015. Disponível em: <https://www.em.com.br/app/noticia/gerais/2015/11/10/interna_gerais,706095/lama-de-mineracao-acelera-degradacao-do-ja-poluido-rio-doce.shtml>. Acesso em: 12 jan. 2018.

a. Qual é o problema ambiental retratado na notícia? Onde ele ocorreu?

b. Quais eram as condições ambientais do rio Doce antes do acidente?

c. Pesquise na internet informações sobre as condições atuais do rio Doce e das populações atingidas. Compartilhe com a turma o que você descobriu.

Outro problema ambiental presente nas grandes metrópoles dessa região e que acarreta diversos problemas de saúde aos habitantes dessas cidades é a **poluição atmosférica**. Além das emissões de gases poluentes feitas pelas indústrias, a grande frota de veículos circulando e enfrentando congestionamentos frequentes nas grandes cidades também contribui para a poluição do ar.

Vista da névoa de poluição em São Paulo pairando sobre a grande concentração de edifícios. Parque Estadual da Cantareira, município de São Paulo. Foto de 2017.

Observe o mapa a seguir.

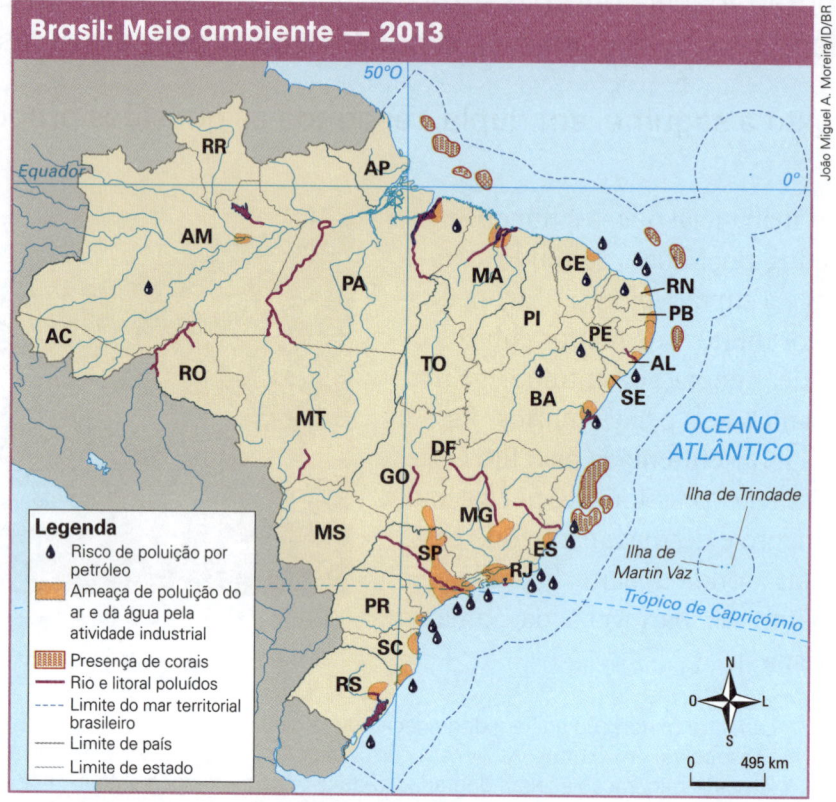

Brasil: Meio ambiente — 2013

Legenda
- Risco de poluição por petróleo
- Ameaça de poluição do ar e da água pela atividade industrial
- Presença de corais
- Rio e litoral poluídos
- Limite do mar territorial brasileiro
- Limite de país
- Limite de estado

Fontes de pesquisa: Maria Elena Simielli. *Geoatlas*. São Paulo: Ática, 2013. p. 122; Graça Maria L. Ferreira. *Atlas geográfico*: espaço mundial. São Paulo: Moderna, 2013. p. 150.

3 Com base no mapa acima, responda:

a. Em qual região é maior a mancha que indica ameaça de poluição do ar e da água pela atividade industrial?

b. No litoral de qual região o risco de poluição das águas por petróleo é maior? O que indica isso no mapa?

Representações

Interpretação de mapa temático

Os mapas temáticos representam temas selecionados, como aspectos naturais, sociais, econômicos, ambientais ou políticos de um território. Esse recurso permite identificar e localizar os fenômenos no espaço, auxiliando o estudo e a pesquisa nas diversas áreas de conhecimento.

No exemplo abaixo, as cores das áreas no mapa indicam a quantidade de pessoas com acesso à rede de esgoto por estado. Na Região Sudeste, que concentra a maior parte dessa infraestrutura, é possível notar que as populações de São Paulo e Minas Gerais têm maior acesso à rede de esgoto. Já Espírito Santo e Rio de Janeiro aparecem com o segundo maior índice. Observe o mapa.

Brasil: Acesso à rede de esgoto — 2015

Fonte de pesquisa: Ministério das Cidades. Sistema Nacional de Informações sobre Saneamento (SNIS). Diagnóstico dos serviços de água e esgotos 2015. Disponível em: <http://www.snis.gov.br/component/content/article?id=140>. Acesso em: 27 mar. 2017.

Legenda
População urbana atendida (a cada 100 pessoas)
- menos de 10
- de 10 a 20
- de 20,1 a 40
- de 40,1 a 70
- mais de 70
- Limite de estado
- Limite de país

1 Como a rede de esgoto está distribuída no território brasileiro?

_____

_____

2 Quais são as unidades federativas com menor rede de esgoto? O que esse dado revela sobre as condições ambientais dessa área?

_____

_____

Pessoas e lugares

O assentamento rural Pastorinhas

Em Brumadinho, na Região Metropolitana de Belo Horizonte, MG, está localizado o assentamento rural Pastorinhas. São vinte famílias, instaladas na área de uma antiga fazenda, que vivem basicamente da produção agrícola.

O nome do assentamento é uma homenagem à luta das mulheres pelo acesso à terra e por melhores condições de vida para suas famílias.

Os assentamentos rurais são porções de terra improdutivas que o governo federal adquire para fazer reforma agrária, distribuindo lotes às famílias que querem viver e produzir no campo, mas não têm condições de acesso à terra. O Sudeste e o Sul são as regiões do Brasil com menor número de projetos de assentamento rural e de famílias assentadas.

As famílias que hoje moram no assentamento Pastorinhas fizeram parte de um acampamento de sem-terra. Com centenas de outras famílias, elas se abrigaram em barracas de lona em uma fazenda improdutiva que demorou 13 anos para ser desapropriada pelo governo. Foto das barracas de lona montadas em Brumadinho, MG, 2002.

Minas Gerais: Brumadinho e Região Metropolitana de Belo Horizonte

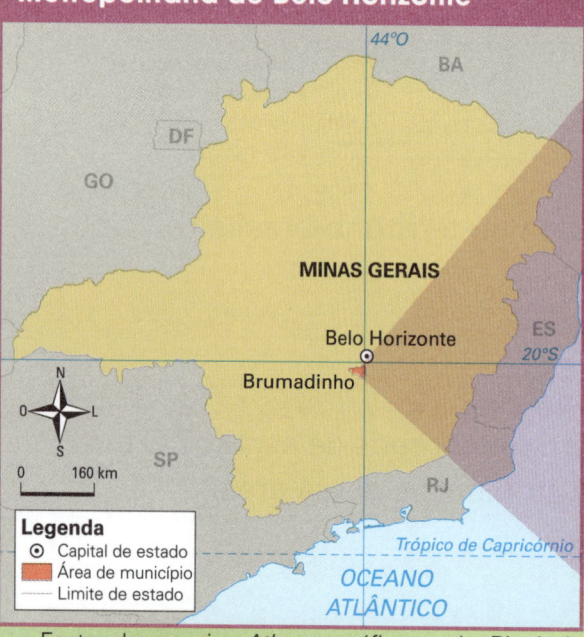

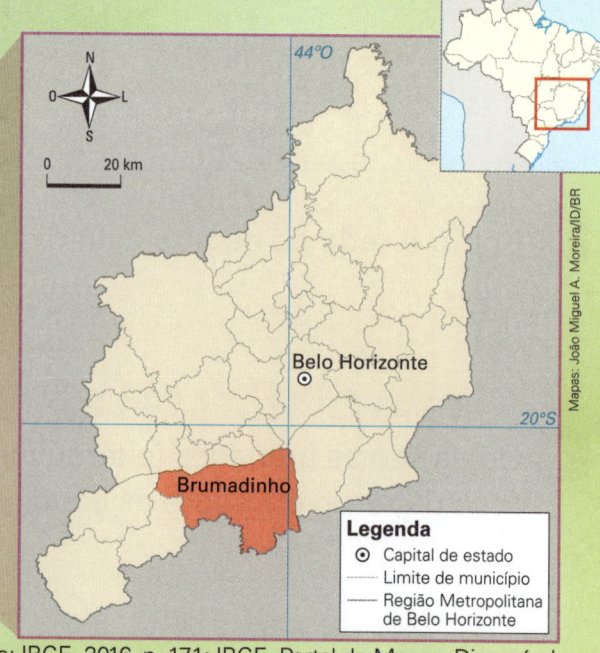

Fontes de pesquisa: *Atlas geográfico escolar*. Rio de Janeiro: IBGE, 2016. p. 171; IBGE. Portal de Mapas. Disponível em: <http://portaldemapas.ibge.gov.br/portal.php#mapa202219>. Acesso em: 10 jan. 2018.

No assentamento Pastorinhas, as famílias produzem os mais variados tipos de vegetal, como quiabo, rabanete, agrião e couve, para consumo próprio e para venda. Toda produção é feita no sistema agroecológico, isto é, não se usa nenhum tipo de agrotóxico ou de fertilizante químico.

A produção agrícola desses trabalhadores rurais é comprada pela prefeitura de Brumadinho. O transporte dos produtos é coletivo: um caminhão dos trabalhadores recolhe a produção de todos os agricultores e a leva para a prefeitura. Dali, os produtos são distribuídos para creches, escolas e asilos do município.

Grande parte das terras do assentamento é ocupada por vegetação remanescente da Mata Atlântica. Da área total da antiga fazenda, apenas 14 hectares são utilizados para a produção agrícola. Brumadinho, MG. Foto de 2018.

Na foto da esquerda, agricultor escolhe um cacho de bananas. Na foto da direita, agricultora colhe couves. Nessa imagem, é possível ver, ao fundo, áreas remanescentes de Mata Atlântica. Brumadinho, MG. Fotos de 2018.

1 Que condição ocasiona a desapropriação de terras para a criação de assentamentos rurais no Brasil?

2 Como é feita a produção agrícola no assentamento rural Pastorinhas?

3 A produção agrícola do assentamento rural Pastorinhas é utilizada em quais estabelecimentos? Quem consome as hortaliças cultivadas nesse local?

4 A Região Sudeste é a mais urbanizada e industrializada do Brasil. Qual característica do espaço rural dessa região foi apresentada no texto?

Aprender sempre

1 Leia o texto abaixo e, depois, responda às questões propostas.

> Na década de 1950, a Região Sudeste tornou-se a mais industrializada do território brasileiro, gerando empregos que atraíram trabalhadores de várias partes do país. Nessa mesma época, no Nordeste, os intensos períodos de seca em várias localidades agravaram a situação de pobreza de parte significativa da população.
>
> Essa combinação de fatores levou um grande número de pessoas dos estados da Região Nordeste a migrar para as cidades do Sudeste que se desenvolviam com a industrialização.
>
> Recentemente, a partir da década de 2000, os problemas sociais e o inchaço populacional nas metrópoles do Sudeste diminuíram a atração populacional dessas localidades. Além disso, a Região Nordeste passou por várias mudanças em função de estímulos econômicos ao desenvolvimento regional nas últimas décadas. Com isso, muitas pessoas optaram por retornar aos seus estados de origem.

Texto para fins didáticos.

a. Segundo o texto, a migração que teve início na década de 1950 é motivada por duas condições: uma que dificulta a permanência das pessoas no Nordeste e outra que as atrai para o Sudeste. Quais são essas condições?

_____

_____

_____

b. Por que a industrialização é um fator para a migração das pessoas?

_____

_____

_____

c. Quais fatores levaram muitas pessoas a retornar ao Nordeste?

_____

_____

_____

2 Um problema comum nas grandes cidades da Região Sudeste é o fato de parte da população residir em condições precárias, em áreas sujeitas a enchentes ou a deslizamentos de terra. Observe o exemplo a seguir.

Moradias construídas em encosta de morro, em área sujeita a deslizamento em Teófilo Otoni, MG. Foto de 2016.

- Em sua opinião, por que há pessoas morando nessas condições? Isso é resultado das desigualdades sociais? Explique.

3 Leia o texto e, em dupla, responda às questões propostas.

> As queimadas e o desmatamento, associados ou não, interferem diretamente na oferta de água dos cursos fluviais e, consequentemente, de muitos mananciais que abastecem as populações das zonas rural e urbana. Tanto assim que nos anos mais recentes os reservatórios de água que servem a área metropolitana de São Paulo e outras cidades do Sudeste apresentaram níveis que obrigaram adoção do racionamento por alguns períodos.

Brasil em números, Rio de Janeiro, IBGE, v. 25, p. 459, 2017.

a. Que ações humanas interferiram na disponibilidade de água dos mananciais que abastecem as cidades da Região Sudeste?

b. Quais outras consequências as ações citadas na resposta anterior podem acarretar para o meio ambiente?

c. No lugar onde vocês vivem, já houve racionamento de água? Pesquisem notícias na internet e conversem com seus familiares sobre os motivos dessa medida e as dificuldades enfrentadas pela população durante o racionamento. Depois, compartilhem o que vocês descobriram com a turma.

CAPÍTULO 12 — A Região Sul

Na Região Sul, principalmente no Rio Grande do Sul, o hábito de beber chimarrão é compartilhado entre as pessoas. Chimarrão é uma bebida feita com erva-mate moída e água quente misturadas em um recipiente chamado cuia. Para tomá-lo, é necessário utilizar uma espécie de canudo, que é chamado bomba. Leia um trecho da música abaixo.

Esquentei a água
no fogareiro do **Mboitatá**.
Tô **cevando** o mate
com erva boa da **barbaquá**.
E vamo **charlando** e contando
causos que "já lá vão".
É o sabor do pampa,
de boca em boca, de mão em mão.
Acendi uma vela,
que é pro Negrinho nos ajudar
a encontrar as estórias,
porque a memória pode falhar.
E sabedoria é fechar o amargo e viver em paz.
Mate e cara alegre, porque o resto a gente faz.
[…]

Mboitatá: mito de origem indígena simbolizado por uma grande serpente de fogo que protege as matas e as florestas.
Cevar: preparar ou servir.
Barbaquá: forno utilizado para secar a erva-mate.
Charlar: conversar.

Kleiton Ramil e Kledir Ramil. Roda de chimarrão. Disponível em: <http://www.kleitonekledir.com.br/#!/kk/discografia/13/kleiton-kledir>. Acesso em: 23 jan. 2018.

▶ Você conhece ou já experimentou chimarrão? Em caso afirmativo, conte aos colegas como foi a experiência.

▶ De acordo com a música, o que as pessoas fazem em uma roda de chimarrão?

▶ Você conhece alguma outra manifestação cultural típica da Região Sul? Em caso afirmativo, qual?

Aspectos gerais

A Região Sul é formada pelos estados do Paraná, de Santa Catarina e do Rio Grande do Sul e se localiza quase completamente abaixo do trópico de Capricórnio.

Seu clima predominante é o subtropical. Isso faz com que no inverno ocorram as médias de temperatura mais baixas do país.

Na formação da população do Sul do país, há forte influência de imigrantes europeus, principalmente alemães e italianos, além de poloneses e ucranianos, por exemplo. Essa influência europeia é resultado da política de povoamento adotada pelo governo brasileiro a partir do século 19. Como estratégia para intensificar o povoamento e garantir o poder sobre o território, foram oferecidas terras para imigrantes europeus. Os imigrantes formaram colônias, em que desenvolviam a pecuária e a agricultura. As colônias de imigrantes foram fundamentais para a formação territorial da Região Sul, pois deram origem a diversas vilas e cidades.

Região Sul: Limites políticos

Fonte de pesquisa: *Atlas geográfico escolar*. Rio de Janeiro: IBGE, 2016. p. 90.

Muitas construções evidenciam a influência da imigração europeia. Gramado, RS. Foto de 2015.

O Sul costuma ser associado ao seu inverno muito frio. Mas no verão as temperaturas são elevadas. Neve em Urubici, SC. Foto de 2014.

1 Qual é a origem dos imigrantes que participaram da formação da população dessa região a partir do século 19? Que influências eles exerceram?

_____

_____

cento e trinta e nove **139**

Paisagens da Região Sul

A diversidade natural e cultural é um dos traços marcantes das paisagens da Região Sul, assim como a influência da imigração europeia, que ocorreu durante os séculos 19 e 20, na arquitetura, nos costumes e nas tradições do povo. Observe as imagens a seguir.

A A influência da imigração alemã está expressa na arquitetura de muitas cidades do Sul. Casas construídas com técnica alemã em Marechal Cândido Rondon, PR. Foto de 2014.

B As cataratas do Iguaçu estão entre as maiores quedas-d'água do mundo e são consideradas patrimônio da humanidade pela Unesco. Foz do Iguaçu, PR. Foto de 2014.

C Vista de praia em Balneário Camboriú, SC, um dos principais destinos turísticos da Região Sul e do Brasil. Foto de 2015.

D Vista da cidade de Porto Alegre, RS, a segunda cidade mais populosa da Região Sul, atrás apenas de Curitiba. Foto de 2016.

1 Observe as imagens acima e leia as legendas. Depois, associe cada descrição à imagem correspondente.

- [ ] Metrópole populosa e muito verticalizada.
- [ ] Cidade litorânea com balneário turístico.
- [ ] Grandes quedas-d'água que formam um monumento natural.
- [ ] Construções em área urbana com estilo de arquitetura alemã.

Natureza e problemas ambientais

Na Região Sul, as chuvas são bem distribuídas durante o ano e não há estação seca. Nas áreas de maior altitude, como na serra Geral e na serra do Mar, as temperaturas são ainda mais baixas e, por isso, há possibilidade de geadas e de neve nos invernos mais rigorosos.

As principais formações vegetais do Sul são a Mata Atlântica, a mata de araucária e as pradarias, também chamadas de campos ou pampa.

A Mata Atlântica está presente ao longo da costa litorânea e da serra do Mar e também nos planaltos e nas serras do interior. Assim como em outras regiões no Brasil, essa vegetação foi muito devastada e pouco resta de sua área original.

A mata de araucária é formada principalmente por uma espécie de pinheiro que tem como característica a grande altura de sua copa. Essa mata é encontrada principalmente nos planaltos e nas áreas de relevo com maior altitude. Devido à devastação, causada principalmente pela expansão urbana, pelas atividades agropecuárias e pela indústria madeireira, sua extensão original foi muito reduzida.

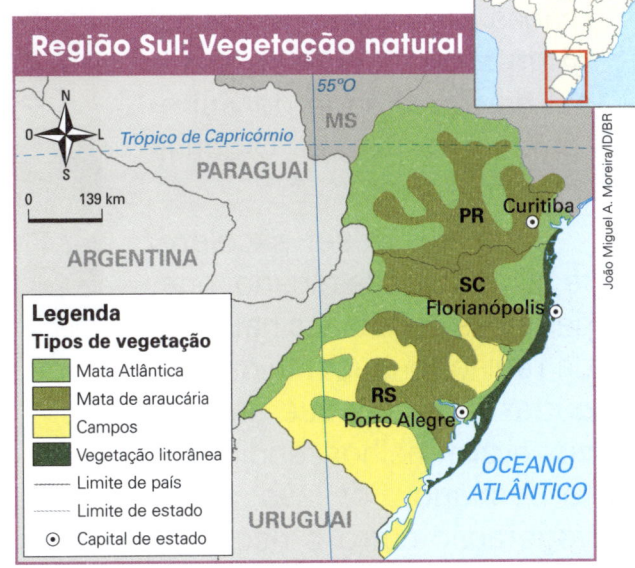

Fonte de pesquisa: Gisele Girardi e Jussara Vaz Rosa. *Atlas geográfico do estudante*. São Paulo: FTD, 2016. p. 64.

As araucárias apresentam copa muito alta. O pinhão, sua semente, é comestível. Almirante Tamandaré, PR. Foto de 2016.

1 Quais são as características climáticas da Região Sul?

_____

_____

2 Quais são as principais ameaças à mata de araucária?

_____

_____

Mais ao sul da região predominam as pradarias, formadas principalmente pelas **gramíneas**, que recobrem o sul do Rio Grande do Sul e também parte do Uruguai e da Argentina.

Apesar de ser excelente alimento para o gado, boa parte das gramíneas naturais da região foi substituída por outras espécies que proporcionavam melhor rendimento pecuário. Por isso, essa vegetação corre o risco de desaparecer.

As pradarias são formadas por diversas espécies naturais de gramíneas. Alegrete, RS. Foto de 2014.

Gramínea: são muitas as espécies de vegetais pertencentes às gramíneas. Por exemplo, podemos citar cereais como trigo, arroz e milho, a grama verde dos jardins e os bambus.

3 Leia o texto a seguir e, depois, responda às questões.

> O Pampa, […] no extremo sul do Brasil, já perdeu 54% de sua vegetação original, segundo dados do Ministério do Meio Ambiente, que indicam 2 183 quilômetros quadrados arrasados entre 2002 e 2008. "Silvicultura [produção de madeiras], represas e crescimento urbano são as causas da devastação" nessas áreas "que não recebem a devida importância em nível nacional", lamentou Leonardo Stahnke, do Instituto Pampa Brasil.
>
> "A destruição da Amazônia e da floresta amazônica são importantes, mas os campos [as pradarias] abrigam espécies tão peculiares das áreas abertas como aquelas adaptadas aos demais […] [tipos de vegetação]", disse [à reportagem] […].

Brasil: pradarias do sul devastadas e abandonadas. IPS Inter Press Service. Disponível em: <http://www.ipsnoticias.net/portuguese/2010/08/ambiente/ecobreves-brasil-pradarias-do-sul-devastadas-e-abandonadas>. Acesso em: 28 mar. 2017.

a. Segundo o texto, quais são as causas da devastação das pradarias? Quais são as principais consequências dessa devastação?

b. A preservação das pradarias também é importante, apesar de geralmente se falar mais da destruição da floresta Amazônica. Por que a preservação do meio ambiente é tão importante, independentemente do tipo de vegetação?

Arenização do solo

A arenização é um processo de erosão do solo que tem causas naturais intensificadas pela ação humana. Ela ocorre em áreas do Rio Grande do Sul, devido à retirada de vegetação e ao **uso intensivo** do solo para a **agricultura** e a **pecuária**. Bancos de areia tomam a área em que antes havia vegetação, causando também assoreamento dos rios, por exemplo. A recuperação do solo arenizado é demorada e complicada. Esse é um dos mais graves problemas ambientais da Região Sul. Observe as ilustrações abaixo.

Areal produzido pela degradação do solo. Manoel Viana, RS. Foto de 2017.

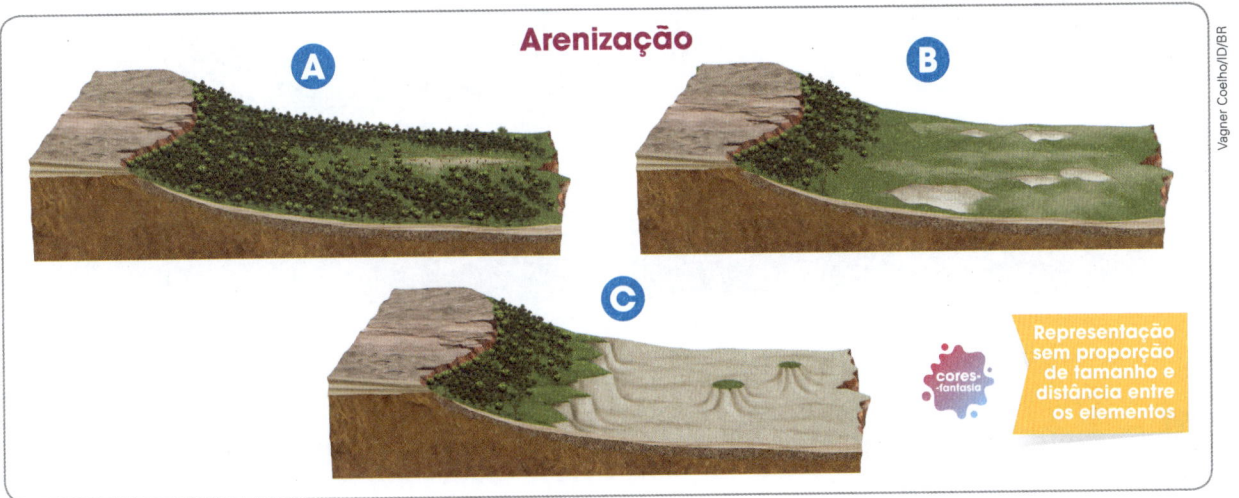

Arenização — A, B, C

Representação sem proporção de tamanho e distância entre os elementos. cores-fantasia

Fonte de pesquisa: Dirce Suertegaray (Org.). *Terra*: feições ilustradas. Porto Alegre: Ed. da UFRGS, 2003. p. 52.

4 Com base na representação acima, responda às questões.

a. Do momento inicial ao final do processo representado acima, a presença de que elemento diminuiu muito na paisagem?

b. As ações humanas que contribuem para intensificar esse processo de erosão do solo foram todas representadas? Quais são elas?

_____

_____

5 Os solos são recursos naturais muito importantes para o equilíbrio do ambiente. Converse com os colegas sobre isso, citando exemplos de sua importância.

Economia

A economia da Região Sul conta com uma forte produção industrial e uma vasta e intensiva produção agrícola, que é uma das mais diversificadas do país. Nessa região, é marcante a presença do desenvolvimento tecnológico no campo.

Agricultura e pecuária

As famílias de descendentes de imigrantes europeus são as que detêm a maior parte das propriedades rurais nessa região.

As propriedades de pequeno e médio portes são numerosas. Na agricultura, a elas se deve a maior parte das colheitas regionais de uva, fumo e erva-mate. Na criação animal, elas se destacam na produção de bicho-da-seda, aves, suínos e leite.

Já as grandes propriedades se dedicam, em geral, à pecuária de corte e à produção de grãos. São muito mecanizadas e produzem em larga escala.

O cultivo de uvas é tradicional no Sul. Propriedade rural produtora de vinhos em São Joaquim, SC, 2016.

Criação de ovelhas em pequena propriedade rural de São Gabriel, RS. Foto de 2016.

1 Caracterize as pequenas propriedades rurais na Região Sul.

_____

_____

2 Leia a manchete a seguir.

> **Pesquisa e tecnologia aumentam produção agropecuária no Paraná**
> Produtividade da cevada, por exemplo, saltou de 1 tonelada para 4,5 toneladas por hectare. Cooperação também tem ajudado criadores de gado a diferenciar o produto.

G1. Paraná. Disponível em: <http://g1.globo.com/pr/parana/caminhos-do-campo/noticia/2015/07/pesquisa-e-tecnologia-aumentam-producao-agropecuaria-no-parana.html>. Acesso em: 16 jan. 2018.

a. Segundo a manchete, quais são as consequências da pesquisa e da tecnologia para a produção agropecuária no Paraná?

b. A manchete está relacionada a uma das principais características do campo na Região Sul? Explique.

Indústria

O parque industrial da Região Sul é moderno e diversificado, com destaque para as indústrias têxtil, alimentícia, de bebidas, de móveis e de máquinas e equipamentos.

O desenvolvimento da indústria na região tem relação importante com a imigração europeia. Muitos imigrantes tinham experiência com a realização de diferentes atividades econômicas. Nas colônias havia, por exemplo, agricultores, artesãos e operários (de indústrias como a têxtil e a moveleira). A comercialização de produtos entre as colônias contribuiu para o desenvolvimento do mercado consumidor e da atividade industrial na Região Sul.

Ao longo do tempo, algumas das pequenas indústrias que abasteciam os mercados consumidores locais cresceram e se modernizaram.

Região Sul: Indústrias — 2013

Legenda
Tipos de indústria
- 🔺 Indústria de base (metalurgia e produtos metálicos)
- ⭐ Indústria de bens intermediários (máquinas, equipamentos, materiais elétricos e químicos)
- ⚪ Indústria de bens de consumo (alimentos, bebidas, automóveis, vestuário, móveis e eletrônicos)
- 🟩 Indústria extrativa (extração mineral, produtos de madeira, material plástico e produtos de minerais)
- Limite de país
- Limite de estado

Fonte de pesquisa: Gisele Girardi e Jussara Vaz Rosa. *Atlas geográfico do estudante*. São Paulo: FTD, 2016. p. 72.

3 Com base no mapa acima, responda às questões a seguir.

a. É possível afirmar que os quatro tipos de indústria se distribuem de modo equilibrado na Região Sul? Explique.

_____

_____

b. Quantos ícones de indústria extrativa aparecem em cada estado?

_____

c. Em qual estado há maior quantidade de ícones que representam indústrias de bens de consumo?

☐ Paraná ☐ Santa Catarina ☐ Rio Grande do Sul

4 Como o tipo de sociedade formada nas áreas de colonização influenciou o processo de industrialização dessa região?

Pessoas e lugares

A herança cultural da imigração alemã no povoado Walachai

Walachai é um pequeno povoado rural localizado no município de Morro Reuter, no Rio Grande do Sul. Nesse povoado, ainda hoje se preservam costumes tradicionais, como o uso de carroças para o transporte, o emprego de animais e ferramentas rústicas para o trabalho na roça e o preparo de refeições em fornos e fogões à lenha.

Outra tradição importante é preservada na comunicação dos habitantes. Em Walachai, as pessoas geralmente falam o "hunsriqueano", um **dialeto** originário da região de Hunsrück, no sudoeste da Alemanha, que também agrega palavras adaptadas da língua portuguesa. É nesse dialeto que as crianças são ensinadas a falar.

Dialeto: variação de uma língua, própria de certa região ou de um povo.

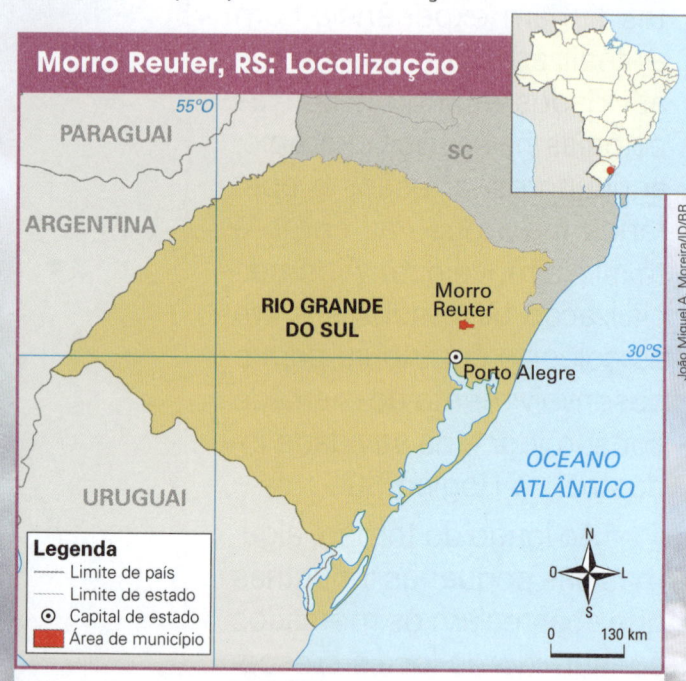

Morro Reuter, RS: Localização

Fonte de pesquisa: IBGE. Disponível em: <http:/portaldemapas.ibge.gov.br/portal.php#mapa104358>. Acesso em: 28 mar. 2017.

Casa no povoado Walachai. Morro Reuter, RS. Foto de 2017. À esquerda, é possível ver duas araucárias, árvores comuns em diversas áreas da Região Sul do Brasil.

Somente após entrarem na escola as crianças começam a aprender o idioma oficial do país. Na escola, os professores falam português e há livros em língua portuguesa. Fora da escola, o "hunsriqueano" volta a ser usado na comunicação regular.

Na Alemanha, os dialetos regionais foram caindo em desuso ao longo do tempo, substituídos pela língua alemã hoje predominante, que é bem diferente do "hunsriqueano" falado no Brasil. Desse modo, uma das heranças da imigração alemã no Brasil foi preservar traços da cultura alemã que praticamente deixaram de existir na própria Alemanha.

Cena do documentário *Walachai*, dirigido por Rejane Zilles e lançado em 2013. Na cena, agricultor do povoado ara a terra com o auxílio de bois.

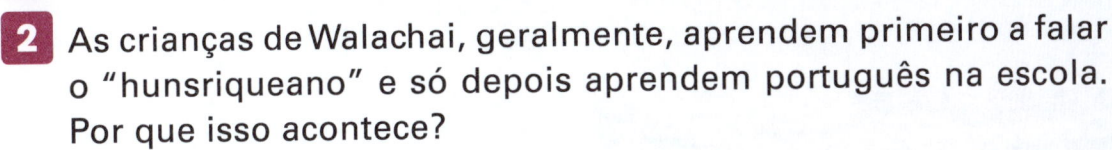

1 Que costumes foram mantidos em Walachai?

2 As crianças de Walachai, geralmente, aprendem primeiro a falar o "hunsriqueano" e só depois aprendem português na escola. Por que isso acontece?

3 Por que a imigração alemã no Brasil contribuiu para preservar traços da cultura alemã?

4 Você identifica no lugar onde vive costumes semelhantes aos encontrados em Walachai? Explique.

5 Em sua opinião, há costumes que só existem no lugar onde você vive? Converse com os colegas.

Aprender sempre

1 Releia o texto da página 141 e observe estas fotos.

A Candiota, RS, 2014.

B Painel, SC, 2016.

C Morretes, PR, 2014.

- Escreva abaixo de cada foto o tipo de vegetação nela retratado.

2 Quais problemas ambientais são causados pela devastação florestal e pelo mau uso do solo na Região Sul?

_____

_____

3 Observe as fotos a seguir. Depois, relacione cada uma delas à atividade econômica correspondente.

A Família de descendentes de imigrantes trabalham na colheita. Silveira Martins RS, 2017.

B Colheita mecanizada de trigo em Nova Fátima, PR, 2015.

C Garrafas de óleo de soja envasadas em cooperativa. Campo Mourão, PR, 2015.

D Mineração de carvão em Treviso, SC, 2016.

☐ Produção agrícola familiar.   ☐ Extrativismo mineral.

☐ Atividade industrial.   ☐ Grande produção de grãos.

■ Em uma folha avulsa, escreva um texto descrevendo características de uma das atividades econômicas da Região Sul retratadas nas imagens.

4 Leia o texto abaixo. Em seguida, responda às questões propostas.

[...] É debaixo dos galhos das araucárias que os ervais se desenvolvem. [...]

Ilex paraguariensis é o nome científico da erva-mate, usada pelos índios guaranis antes da chegada dos europeus. Muitos ervais nativos ficavam próximos da mata de araucárias, a outra planta do brasão do Paraná. [...] O clima subtropical é o mais adequado para o desenvolvimento da planta.

Banca de erva-mate e cuias no Mercado Público de Porto Alegre, RS, 2016.

Pollianna Milan e Leandro dos Santos. O início de uma tradição. *Gazeta do Povo*, Curitiba. Seção Vida e Cidadania. Disponível em: <http://www.gazetadopovo.com.br/vida-e-cidadania/especiais/erva-mate/origens.jpp>. Acesso em: 20 jan. 2018.

a. Qual é a relação entre a erva-mate e a mata de araucária?

_____

b. Por que a erva-mate é importante para a cultura regional do Sul? Por quem era consumida antes da chegada dos europeus?

c. Na região em que você vive, quais elementos culturais regionais se destacam? Por que é importante reconhecer esses elementos e valorizá-los?

_____

_____

5 Recorte as peças, o dado, as orientações, as cartas e o tabuleiro nas páginas 153, 155, 157 e 159. Com um colega, brinque com o **Jogo Regiões Brasileiras**.

Sugestões de leitura

Minha casa azul, de Alain Serres. São Paulo: SM.
Com ilustrações bem coloridas e formato de álbum, esse livro convida o leitor a fazer uma viagem que percorre as galáxias, o Sol, a Lua, a Terra, os continentes, os países, as cidades, os bairros, as ruas, até chegar a uma casa azul.

De olho nas penas, de Ana Maria Machado. São Paulo: Salamandra.
Miguel faz uma fantástica viagem pela cultura latino-americana. Descubra como o conhecimento da cultura dos povos da América ajudou esse menino de oito anos de idade a conhecer a si mesmo.

Viagem pelo Brasil em 52 histórias, de Silvana Salerno. São Paulo: Companhia das Letrinhas.
Esse livro mostra como é possível conhecer mais as cinco regiões do Brasil lendo 52 histórias: uma por semana, durante um ano. Faça essa viagem literária por meio de lendas e contos populares tradicionais de nosso país.

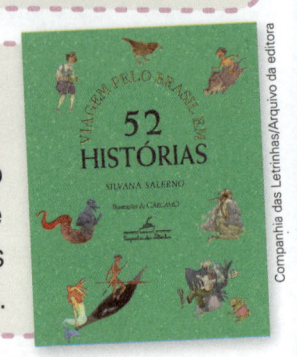

De carta em carta, de Ana Maria Machado. São Paulo: Salamandra.
Apesar dos avanços tecnológicos, muitas pessoas ainda se comunicam por carta. E quem não sabe escrever pode mandar uma carta? Leia esse livro e descubra.

Alberto: do sonho ao voo, de José Roberto Luchetti. São Paulo: Scipione.
Esse livro apresenta a história de Alberto Santos Dumont e de como um sonho de infância levou-o à invenção do avião.

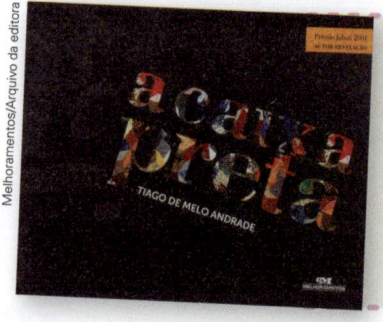

A caixa preta, de Tiago de Melo Andrade. São Paulo: Melhoramentos.
Esse livro traz a história dos habitantes de um planeta que eram muito alegres, criativos e divertidos, até que passaram a ficar o tempo todo em frente da televisão. O que será que aconteceu com eles a partir daí?

Porto Alegre no livro das crianças perdidas, de Cláudio Levitan. Porto Alegre: Artes e Ofícios.
O autor apresenta como foi e como é hoje a cidade de Porto Alegre. Por meio de uma história inventada, procura criar no leitor o desejo de compreender o crescimento e a transformação dessa cidade.

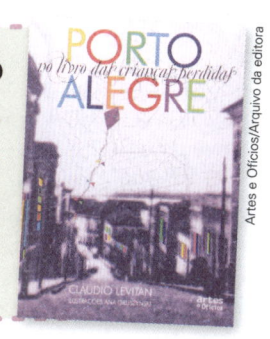

A motorista de ônibus, de Vincent Cuvellier. São Paulo: SM.
No dia a dia, utilizamos vários serviços: compramos na padaria ou na venda, usamos transporte público, vamos à farmácia, etc. Mas nem sempre prestamos atenção às pessoas que oferecem esses serviços. É dessas pessoas que o livro trata.

Alma de rio, de Ellen Pestili. São Paulo: Cortez.
Esse livro apresenta, de forma encantadora, histórias da força e da beleza do rio São Francisco, em cujas águas mergulham as pessoas que vivem ao longo de seu percurso.

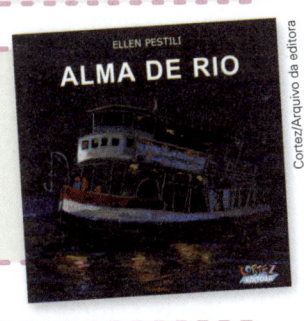

Amazônia: povos da floresta, de Sérgio Alli e Thais Sauaya. São Paulo: Salesiana.
Com linguagem direta e cativante, os autores tratam nesse livro de temas bastante atuais, como desenvolvimento sustentável, devastação das florestas e luta para a preservação delas.

Histórias do Xingu, de Cláudio e Orlando Villas Bôas. São Paulo: Companhia das Letrinhas.
Nesse livro, estão registradas nove histórias que os autores ouviram dos povos do Xingu e ainda como eles ajudaram a fundar o Parque Nacional do Xingu, em 1961.

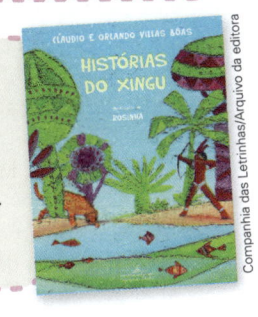

Fazenda do Tchezito, de Paulo Roberto Ferrari e Wilson Tubino. Porto Alegre: Fábrica de Leitura.
Você pode ou não ser gaúcho, mas se divertirá com esse livro sobre o Rio Grande do Sul. Conhecerá lendas, a culinária típica e algumas tradições desse estado.

Bibliografia

ALMEIDA, Rosangela Doin de. *Do desenho ao mapa*: iniciação cartográfica na escola. São Paulo: Contexto, 2001.

_____; PASSINI, Elza Y. *O espaço geográfico*: ensino e representação. 12. ed. São Paulo: Contexto, 2002.

ANDRADE, Manuel Correia de. *Caminhos e descaminhos da geografia*. 3. ed. Campinas: Papirus, 1989.

ASSOCIAÇÃO DOS GEÓGRAFOS BRASILEIROS (AGB). *Projeto O Ensino da Cidade de São Paulo*. São Paulo: AGB, 2000.

BRASIL. Ministério da Educação. Secretaria de Educação Básica. *Base nacional comum curricular*: educação é a base. Brasília: MEC, 2017. Disponível em: <http://basenacionalcomum.mec.gov.br/wp-content/uploads/2018/04/BNCC_19mar2018_versaofinal.pdf>. Acesso em: 2 abr. 2018.

CARLOS, Ana F. A. (Org.). *Geografia na sala de aula*. São Paulo: Contexto, 2007.

CASTELLAR, Sonia (Org.). *Educação geográfica*: teorias e práticas docentes. São Paulo: Contexto, 2005.

CASTROGIOVANNI, Antonio Carlos (Org.). *Geografia em sala de aula*: práticas e reflexões. Porto Alegre: Ed. da UFRGS/AGB, 2004.

CAVALCANTI, Lana de Souza. *Geografia, escola e construção de conhecimentos*. Campinas: Papirus, 1998.

CHIANCA, Rosaly M. B. *Mapas*: a realidade no papel. São Paulo: Ática, 1999.

CONTI, José Bueno. *Clima e meio ambiente*. 6. ed. São Paulo: Atual, 2005.

DIAS, Rubens Alves; MATTOS, Cristiano Rodrigo de; BALESTIERI, José Antonio P. *O uso racional da energia*: ensino e cidadania. São Paulo: Ed. da Unesp, 2006.

FALLEIROS, Ialê; GUIMARÃES, Márcia Noêmia. *Os diferentes tempos e espaços do homem*. São Paulo: Cortez, 2005.

FERREIRA, Aurélio Buarque de Holanda. *Dicionário Aurélio mirim*: dicionário ilustrado da língua portuguesa. Curitiba: Positivo, 2005.

FLORENZANO, Tereza Gallotti. *Imagens de satélite para estudos ambientais*. São Paulo: Oficina de Textos, 2002.

FUNDAÇÃO NICOLAS HULOT. *Ecoguia*: guia ecológico de A a Z. São Paulo: Landy, 2008.

GIRARDI, Gisele; ROSA, Jussara Vaz. *Atlas geográfico do estudante*. São Paulo: FTD, 2016.

HOUAISS, Antônio; VILLAR, Mauro de Salles. *Dicionário Houaiss da língua portuguesa*. Rio de Janeiro: Objetiva, 2001.

INSTITUTO BRASILEIRO DE GEOGRAFIA E ESTATÍSTICA (IBGE). *Anuário estatístico do Brasil*. Rio de Janeiro: IBGE, 2003. v. 62.

_____. *Atlas do censo demográfico 2010*. Rio de Janeiro: IBGE, 2013.

_____. *Atlas geográfico escolar*. 2. ed. Rio de Janeiro: IBGE, 2004.

_____. *Atlas geográfico escolar*. 7. ed. Rio de Janeiro: IBGE, 2016.

_____. *Atlas nacional do Brasil Milton Santos*. Rio de Janeiro: IBGE, 2010.

INSTITUTO BRASILEIRO DE GEOGRAFIA E ESTATÍSTICA (IBGE). *Meu 1º atlas*. 4. ed. Rio de Janeiro: IBGE, 2012.

INSTITUTO SOCIOAMBIENTAL (ISA). *Povos indígenas do Brasil 1996-2000*. São Paulo: ISA, 2001.

LACOSTE, Yves. *A geografia serve, antes de mais nada, para fazer a guerra*. Lisboa: Iniciativas, 1977.

LAROUSSE EDITORIAL. *Convivência*: ética, cidadania e responsabilidade social. São Paulo: Larousse do Brasil, 2003.

LESANN, Janine. *Geografia no Ensino Fundamental I*. Belo Horizonte: Fino Traço, 2011.

MAGALHÃES, Maria do Rosário Alves. *Uma análise crítica da prática do ensino de geografia nas quatro últimas séries do Ensino Fundamental, nas escolas públicas estaduais da zona urbana de Caxias, MA*. 1999. Monografia – Caxias, MA.

MARTINELLI, Marcelo. *Mapas, gráficos e redes*: elabore você mesmo. São Paulo: Oficina de Textos, 2014.

MENDONÇA, Sonia Regina de. *A industrialização brasileira*. 2. ed. São Paulo: Moderna, 2004.

MORAES, Antonio Carlos Robert. *Geografia*: pequena história crítica. Petrópolis: Vozes, 2003.

OLIVEIRA, Ariovaldo Umbelino de. *Para onde vai o ensino de geografia?* São Paulo: Contexto, 2005.

PENTEADO, Heloísa Dupas. *Metodologia do ensino de história e geografia*. São Paulo: Cortez, 2009.

PEREIRA, Raquel Maria Fontes do Amaral. *Da geografia que se ensina à gênese da geografia moderna*. 3. ed. rev. Florianópolis: Ed. da UFSC, 1999.

PIAGET, Jean; INHELDER, Bärbel. *A representação do espaço na criança*. Porto Alegre: Artmed, 1993.

PINHEIRO, Antonio Carlos. *O ensino de geografia no Brasil*: catálogo de dissertações e teses (1967-2003). Goiânia: Vieira, 2005.

Revista *Fórum*, São Paulo, Publisher Brasil, n. 52, ano 5, 2007.

Revista *Olhares e Trilhas*, Uberlândia, Edufu, ano 1, v. 1, n. 1, 2000.

ROSS, Jurandyr L. S. (Org.). *Geografia do Brasil*. 6. ed. São Paulo: Edusp, 2011.

SANTAELLA, Lucia. *Leitura de imagens*. São Paulo: Melhoramentos, 2012 (Coleção Como Eu Ensino).

SANTOS, Milton. *A natureza do espaço*: técnica e tempo, razão e emoção. São Paulo: Edusp, 2008.

_____. *Pensando o espaço do homem*. São Paulo: Edusp, 2004.

_____. *Por uma outra globalização*: do pensamento único à consciência universal. Rio de Janeiro: Record, 2004.

SCHÄFFER, Neiva Otero et al. *Um globo em suas mãos*: práticas para a sala de aula. Porto Alegre: Ed. da UFRGS, 2005.

SIMIELLI, Maria Elena. *Geoatlas*. São Paulo: Ática, 2013.

SPÓSITO, Eliseu Savério. *A vida nas cidades*. 2. ed. São Paulo: Contexto, 2004.

THÉRY, Hervé; MELLO, Neli Aparecida de. *Atlas do Brasil*: disparidades e dinâmicas do território. 2. ed. São Paulo: Edusp/Imprensa Oficial, 2014.

VESENTINI, José William. *Para uma geografia crítica na escola*. São Paulo: Ática, 1992.

Recortar e montar

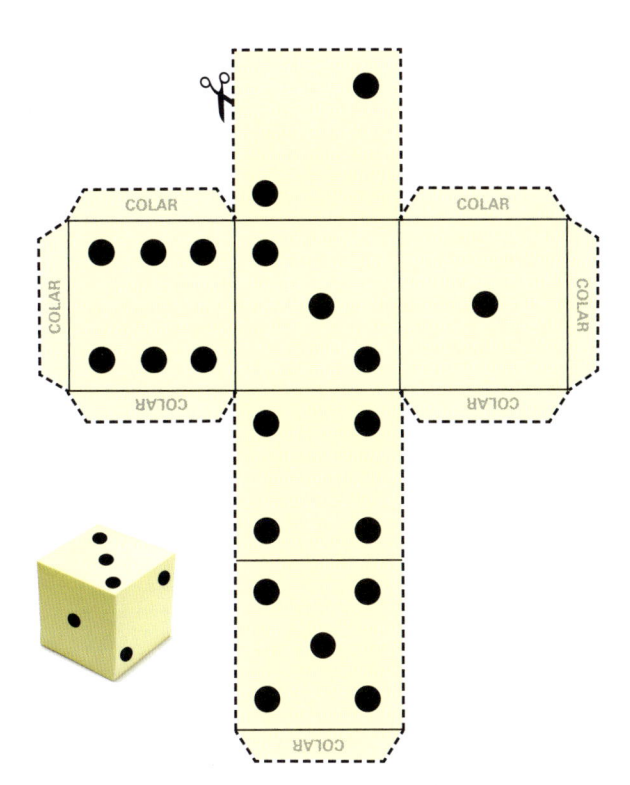

Página 149 › **Atividade 5 – Jogo Regiões Brasileiras**

Orientações do Jogo Regiões Brasileiras

- Destaque as peças, o dado, o tabuleiro e as cartas. Organize as cartas em um monte.
- Cada jogador deve posicionar sua peça na casa **Início** do tabuleiro. Depois de definido quem começa, é hora de lançar o dado e seguir as casas do tabuleiro em sentido horário.
- Ao cair na casa de uma **unidade da federação**, o adversário deve escolher uma carta da região a qual essa UF pertence e ler uma das frases disponíveis na carta. O outro jogador deve dizer se a frase é verdadeira ou falsa. O adversário deve conferir se a resposta está certa ou errada neste cartão. Se o jogador acertar, ele tem direito a jogar novamente o dado. Se responder errado, deve passar a vez para o outro jogador.
- Quando a peça cair na casa **Limite estadual**, o jogador perde a vez de jogar.
- Ganha quem completar primeiro a volta no tabuleiro.

Respostas das frases

1. F	**2.** V	**3.** V	**4.** V	**5.** V	**6.** F	**7.** V	**8.** F	**9.** V	**10.** V	**11.** F	**12.** V
13. F	**14.** V	**15.** V	**16.** V	**17.** V	**18.** F	**19.** F	**20.** V	**21.** V	**22.** V	**23.** F	**24.** V
25. V	**26.** F	**27.** F	**28.** V	**29.** V	**30.** F	**31.** F	**32.** V	**33.** F	**34.** V	**35.** V	**36.** F

Ilustrações: AMj Studio/ID/BR

Recortar

Página 149 › **Atividade 5 – Jogo Regiões Brasileiras**

Região Norte — Verdadeiro ou falso?

1. A floresta Amazônica abrange uma pequena área da Região Norte.
2. Comunidades ribeirinhas e grupos indígenas são chamados povos da floresta e seus modos de vida possibilitam o uso sustentável dos recursos naturais.
3. A busca de novas áreas para a produção agropecuária tem provocado o avanço do desmatamento da floresta Amazônica.

Região Norte — Verdadeiro ou falso?

4. A maior parte dos rios brasileiros encontra-se na Região Norte. A chuva em abundância é a principal fonte que abastece esses rios.
5. As construções de grandes hidrelétricas, que causam o desmatamento de grandes áreas e o represamento dos rios, são graves ameaças para os povos da floresta.
6. Manaus, capital do Amazonas, e Belém, capital do Pará, não são as principais metrópoles da Região Norte.

Região Norte — Verdadeiro ou falso?

7. Na Região Norte, há um número significativo de povos indígenas que vivem em meio à floresta Amazônica ou nas cidades e conservam sua cultura e seus costumes.
8. Os inúmeros rios que cortam a floresta Amazônica apresentam desníveis suaves, o que dificulta a navegação e favorece o deslocamento de pessoas pela vegetação densa da floresta.
9. Parte fundamental do cotidiano das comunidades ribeirinhas está ligada aos rios.

Região Norte — Verdadeiro ou falso?

10. As temperaturas sempre elevadas e o longo período anual de chuvas favorecem a vegetação densa e a grande biodiversidade da floresta Amazônica.
11. A instalação do polo industrial Zona Franca de Manaus foi uma medida que dificultou o desenvolvimento econômico na Região Norte.
12. Vários rios navegáveis da Região Norte são utilizados para transportar pessoas e mercadorias, como a soja, levada do Centro-Oeste até o porto de Belém.

Região Nordeste — Verdadeiro ou falso?

13. A realização de grandes festas juninas não se caracteriza como uma das tradições culturais nordestinas.
14. A Região Nordeste apresenta grande diversidade interna, o que favorece a divisão em sub-regiões para seu estudo.
15. Durante o século 20, muitas pessoas deixaram o Nordeste em direção aos grandes centros econômicos do Sudeste, o que caracterizou um fluxo migratório inter-regional muito importante.

Região Nordeste — Verdadeiro ou falso?

16. Um dos principais elementos que caracterizam a sub-região nordestina Meio-Norte é a vegetação conhecida como mata de cocais. Nela predominam palmeiras como o babaçu, o buriti e o açaí.
17. A maior parte da população do Nordeste encontra-se no litoral dessa região.
18. A Zona da Mata está situada em uma faixa do litoral nordestino e apresenta clima frio e seco.

Região Nordeste — Verdadeiro ou falso?

19. Manifestações da cultura nordestina como a capoeira, o frevo, o repente, o cordel e os pratos típicos estão presentes somente nessa região do país.
20. Todas as capitais dos estados do Nordeste estão no litoral, com exceção de Teresina, capital do Piauí.
21. Condições naturais favoráveis, somadas ao fato de o início da colonização portuguesa ter sido pelo litoral, foram fundamentais para que a Zona da Mata se tornasse a mais populosa e urbanizada sub-região nordestina.

REGIÕES	REGIÕES	REGIÕES
BRASILEIRAS	BRASILEIRAS	BRASILEIRAS
REGIÕES	REGIÕES	REGIÕES
BRASILEIRAS	BRASILEIRAS	BRASILEIRAS

REGIÕES BRASILEIRAS

Recortar

Página 149 › **Atividade 5 – Jogo Regiões Brasileiras**

Região Nordeste — Verdadeiro ou falso?

22. O Sertão é a maior sub-região nordestina e apresenta clima semiárido. A escassez de umidade favorece a ocorrência da vegetação de caatinga.

23. A maior parte da Região Nordeste apresenta temperaturas baixas no decorrer do ano.

24. A agropecuária é uma das principais atividades econômicas desenvolvidas na sub-região Agreste, que ocupa uma área intermediária entre o litoral úmido (Zona da Mata) e o interior de clima semiárido (Sertão).

Região Sudeste — Verdadeiro ou falso?

25. Região com o maior desenvolvimento econômico do país e com grande número de empresas, o Sudeste atraiu muitos migrantes de várias partes do Brasil.

26. Diferente da indústria, do comércio e dos serviços, a agropecuária não é uma atividade relevante para caracterizar a economia da Região Sudeste.

Região Sudeste — Verdadeiro ou falso?

27. A Mata Atlântica encontra-se muito preservada na Região Sudeste, com extensos trechos de mata original.

28. As duas maiores metrópoles nacionais estão na Região Sudeste: Rio de Janeiro e São Paulo. Elas concentram atividades industriais, prestação de serviços, entre outras funções, e exercem influência em todas as outras regiões do país.

Região Sul — Verdadeiro ou falso?

29. O clima predominante na Região Sul é o subtropical, que ocasiona as médias de temperatura mais baixas do país.

30. Não se encontram nas paisagens e nos costumes do povo da Região Sul influências da imigração europeia.

Região Sul — Verdadeiro ou falso?

31. A mata de araucária, encontrada principalmente nas áreas mais altas do relevo da Região Sul, não passou por forte devastação devido à indústria madeireira, às atividades agropecuárias e à expansão urbana.

32. Na formação da população da Região Sul do país, há forte influência de imigrantes europeus, devido à política de povoamento adotada pelo governo brasileiro a partir do século 19.

Região Centro-Oeste — Verdadeiro ou falso?

33. O Centro-Oeste apresentou um lento crescimento da população na segunda metade do século 20, sem grande atração de migrantes.

34. No relevo da Região Centro-Oeste, destaca-se o Pantanal, a maior planície inundável do mundo, que apresenta vegetação muito diversa.

Região Centro-Oeste — Verdadeiro ou falso?

35. O Centro-Oeste é, depois da Região Norte, a região que mais concentra indígenas no Brasil.

36. A fundação de Brasília, em 1960, cidade planejada e construída para ser a nova capital do Brasil, dificultou a integração da Região Centro-Oeste ao restante do país.

REGIÕES BRASILEIRAS
REGIÕES BRASILEIRAS
REGIÕES BRASILEIRAS
REGIÕES BRASILEIRAS
REGIÕES BRASILEIRAS
REGIÕES BRASILEIRAS
REGIÕES BRASILEIRAS

REGIÕES BRASILEIRAS

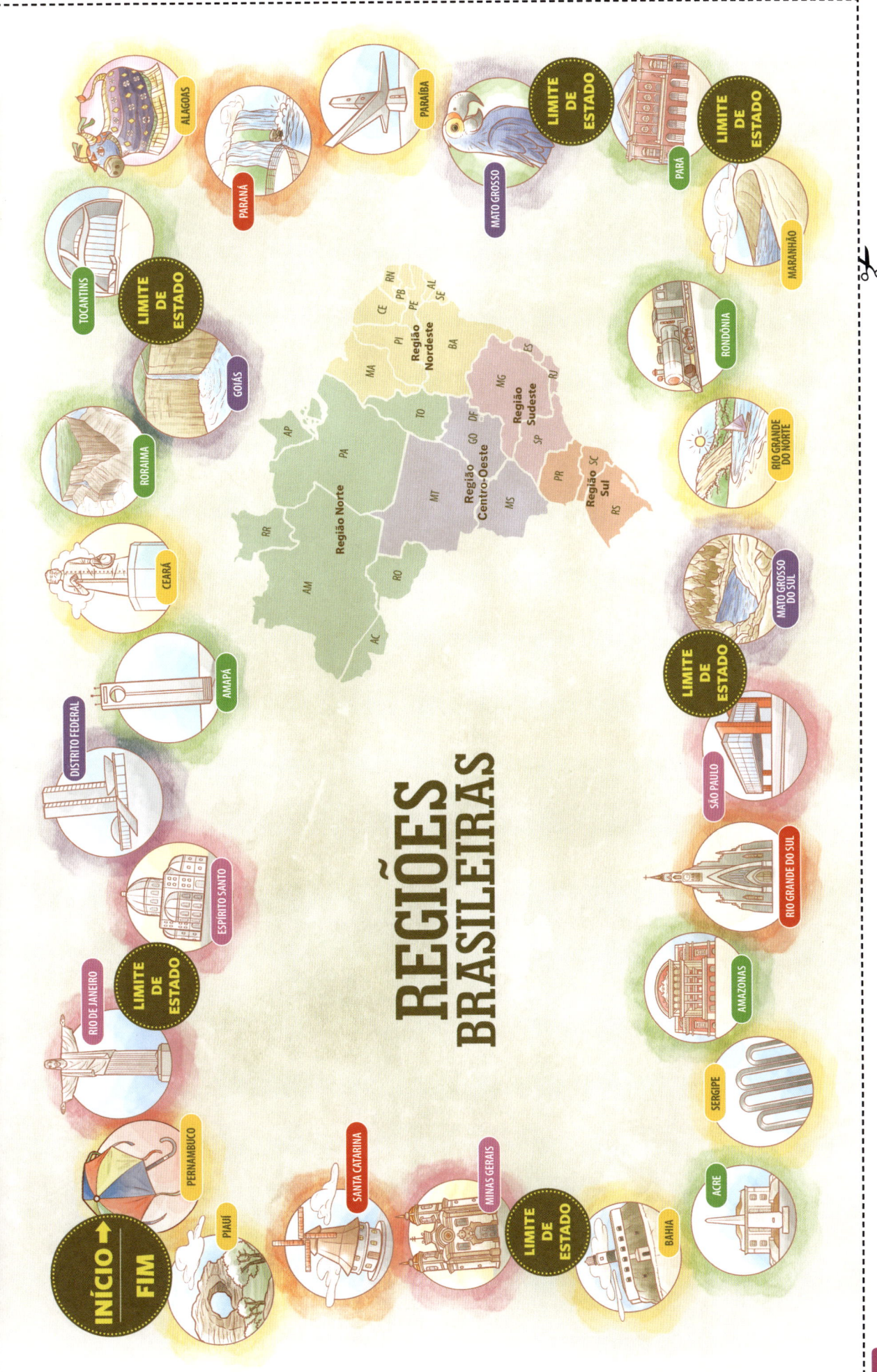

159